만화

베르나르 베르베르의

상상력 사전2

이 책은 실로 꿰매어 제본하는 정통적인 사철 방식으로 만들어졌습니다.
사철 방식으로 제본된 책은 오랫동안 보관해도 손상되지 않습니다.

만화

김수박 만화

베르나르 베르베르의

상상력 사전 2

더 깊고 풍부해진 상대적이며 절대적인 지식의 백과사전

이 책은『베르나르 베르베르의 상상력 사전』(열린책들 발행)을 원작으로 하였습니다.

베르나르 베르베르

베르나르 베르베르는 일곱 살 때부터 단편소설을 쓰기 시작한 타고난 글쟁이다. 1961년 프랑스 툴루즈에서 태어났으며, 법학을 전공하고 국립 언론 학교에서 저널리즘을 공부했다. 저널리스트로 활동하면서 과학 잡지에 개미에 관한 평론을 발표해 오다가, 1991년 120여 차례의 개작을 거친『개미』를 출간, 놀라운 과학적 상상력으로 전 세계 독자들을 사로잡으며 단숨에 주목받는 '프랑스의 천재 작가'로 떠올랐다. 이후『타나토노트』,『뇌』,『나무』,『파피용』,『신』,『파라다이스』 등을 발표해 세계적 베스트셀러가 되었다. 그의 작품은 전 세계적으로 35개 언어로 번역되었으며, 2천만 부 이상 판매되었다.

만화가 김수박

1974년 대구에서 태어났으며 건축디자인을 전공했다. 대학신문에 시사만화를 연재하면서 만화가로서의 삶을 시작했다. 만화로 마음을 표현함으로써 건강한 정신과 행복을 얻고 있다.『오늘까지만 사랑해』,『아날로그맨』,『사람의 곳으로부터』,『내가 살던 용산』(공저) 등의 작품이 있고, 젊은 작가들이 모여 만든 만화지『sal』의 창간을 주도하였다.『아날로그맨』은 프랑스에서『Quitter la ville』라는 제목으로 번역 출간되었다. 앞으로 '죽을 때까지' 다양한 만화 작업을 할 생각이며 계속해서 기대와 관심을 기다린다고, 지켜봐 달라고….

옮긴이 이세욱

1962년에 태어나 서울대학교 불어교육과를 졸업하였으며, 현재 전문 번역가로 활동하고 있다. 옮긴 책으로 베르나르 베르베르의『신』(제1부, 제2부),『인간』,『나무』,『뇌』(전2권),『타나토노트』(전2권),『개미』(전5권),『아버지들의 아버지』(전2권),『천사들의 제국』(전2권),『여행의 책』, 움베르토 에코의『세상의 바보들에게 웃으면서 화내는 방법』, 장클로드 카리에르의『바야돌리드 논쟁』, 미셸 우엘벡의『소립자』, 미셸 투르니에의『황금구슬』, 카롤린 봉그랑의『밑줄 긋는 남자』, 브램 스토커의『드라큘라』, 파트리크 모디아노의『우리 아빠는 엉뚱해』, 장자크 상페의『속 깊은 이성 친구』 등이 있다.

만화 베르나르 베르베르의 상상력 사전 2

지은이 베르나르 베르베르 **그린이** 김수박 **발행인** 홍지웅·홍예빈 **발행처** (주)열린책들 **주소** 경기도 파주시 문발로 253 파주출판도시 **대표전화** 031-955-4000 **팩스** 031-955-4004 **홈페이지** www.openbooks.co.kr Copyright (C) 열린책들·김수박, 2010, *Printed in Korea.* ISBN 978-89-94041-43-8 07860 ISBN 978-89-94041-44-5(세트) **발행일** 2011년 9월 5일 초판 1쇄 2020년 11월 1일 초판 8쇄

이 도서의 국립중앙도서관 출판예정도서목록(CIP)은 서지정보유통지원시스템 홈페이지(http://seoji.nl.go.kr)와 국가자료공동목록시스템(http://www.nl.go.kr/kolisnet)에서 이용하실 수 있습니다.(CIP제어번호: CIP2011003544).

차례

들어가며

이 기이하고 고독한 학자는 모든 분야를 뒤섞으면서,

경이롭고 거의 알려지지 않은 정보들을 평생에 걸쳐 모았죠.

당내의 모든 지식을 한데 모으는 것, 그것이 에드몽 웰즈 교수의 야심이었습니다.

그의 모든 원고에 나타나는 공통점은 생각할 거리를 제공한다는 것, 즉 그의 말마따나…

뉴런들을 생기발랄하게 만든다!

그는 법칙과 도그마를 경멸하고, 세간의 평가에 개의치 않았습니다.

나에게 중요한 건 진리를 강요하는 것이 아니라, 새로운 지평을 여는 것입니다!

라고 힘주어 말하곤 했습니다.

그는 이런 말도 했어요.

질문은 종종 대답보다 더 유익하다!

하긴 인생에 답이 있다면 그 답대로 살텐데요, 그쵸?!

또한 그는 오늘날의 '공인된' 과학 정보 중에서 많은 것들이 미래의 발견에 의해 반박될 가능성이 있다는 점을 독자들에게 일깨우고자 했습니다. 이 사전을 '상대적이며 절대적인 지식의 백과사전'이라고도 부르는 까닭이 바로 그것입니다.

게다가 이 책은 누구나 알기 쉽게 만화로 되어 있군요.

우와!!!

만화 베르나르 베르베르의 상상력 사전 2

에드몽 웰즈 교수와 가까이 지냈던 사람들의 말에 따르면,

그는 유머가 아주 풍부했던 사람이에요.

역설이라는 개념을 대단히 중요하게 여겼습니다.

숙숙삭...

하지만 모든 역설 중에서 가장 놀라운 것은 뭐니 뭐니 해도 에드몽 웰즈라는 인물의 정체일 것입니다.

이제 우리가 알고 있는 바대로, 그는 세상에 존재한 적이 없으니 말입니다.

현대판 네모 선장이라고 할 만한 이 다정다감 하면서도 무뚝뚝한 인물은 베르베르의 소설에 줄곧 등장하여, 독자들로 하여금 과학과 철학 사이를 오가게 하는 뱃사공 역할을 해왔습니다.

에드몽 웰즈

신. 인간 나무

L'Ultime Secret

개미

자… 배에 올라 타시죠, 여러분 !!!

에드몽 웰즈

그대

이 페이지를 넘길 때, 그대의 손가락이 지면 한 지점의 섬유소를 문지르고 있음을 느껴 보세요.

그 접촉에서 가열이 일어납니다. 지극히 미약하지만 실제로 벌어지는 현상이죠.

나도! 나도! 보고 싶어요!

수량화하면 무한소인 이 가열 때문에…

갑작스러운 전자의 움직임이 생겨납니다.

딱!

으악! 이게 다 그대 덕분이야!

전자는 원자를 떠나 다른 입자와 충돌합니다.

그런데 이 입자는 '상대적인 관점에서 보면' 아주 거대한 세계일 수도 있습니다. 이 입자가 전자와 충돌한 것은 그야말로 하나의 격변입니다.

정말?

징…

그 전까지는 이 입자는 아무런 움직임이 없었고 차갑고 공허했습니다.

휘…

평화롭지만 쓸쓸했지…

그러다가 그대가 페이지를 넘김으로써 위기의 상황을 맞게 된 것이죠.

우와! 부럽다.

이게 뭔 일이댜?!

물질의 파편들이 배출될 것이며, 에너지가 퍼져 나갈 것입니다.

몇몇 파편들

툭! 툭! 툭!

어쩌면 극미한 세계들이 생겨나고 거기에 사람과 비슷한 존재들이 살게 될지도 모릅니다.

만일 그대가 이 책을 펼쳐 들지 않고 그대의 손가락이 지면의
한 지점에 마찰열을 가하지 않았더라면, 그들은 결코 존재하지
않았을 것입니다.

한편, 우리 우주 역시…

어떤 책의
지면
한구석이나

어떤 구두의
밑창,

또는 어떤
거대한 다른
문명의 맥주
깡통에 묻은
거품에

자리를 잡고 있을지도 모를 일입니다.

그러던 어느 날 누군가 또는 무엇인가가
위기를 야기하였습니다.

일종의 '깨어남'이 있었던 것은 분명하죠. 그것은
거대한 폭발, 즉 빅뱅(Big Bang)이었습니다.

그대가 이 책의 한 페이지를 넘길 때마다
무한소의 어딘가에 새로운 우주가
생겨날지도 모릅니다.

그대,
알고 있나요?

그대의 힘이
얼마나 어마어마한지를.

빅토르 위고의 샤라드

샤라드 : 프랑스어에서 한 단어를 구성하는 각각의 음절이 독립된 단어를 이룰 경우, 이것을 힌트로 제시해서 낱말을 찾게 하는 놀이.

나의 첫 번째 것은 수다스럽습니다.

나의 두 번째 것은 새입니다.

나의 세 번째 것은 카페에 있습니다.

그리고 이 셋을 모두 합치면 과자가 됩니다.

나는 무엇일까요? 답을 보지 말고 생각을 좀 해보기 바랍니다.

그래도 참을성 없는 독자들을 생각해서, 답을 보이자면…

참을성을 좀 발휘하시는 게 어떨지…

욱!!!

나의 첫 번째 것은 수다스럽다고 했으니, 말 그대로 수다쟁이입니다.
└ bavard(바바르)

나의 두 번째 것은 새라고 했으니, 말 그대로 새입니다.
└ oiseau(우아조)

나의 세 번째 것은 카페에 있다고 했으니, 말 그대로 카페에 있습니다.
└ au café(오 카페)

이 셋을 합치면 바바르-우아조-오 카페, 즉 바바루아조 카페(babaroise au café)라는 과자가 됩니다.

저걸 어떻게 맞혀?

일단 먹자구…

고마워요, 베르 베르!

보시다시피 아주 쉬운 문제였어요.

바바루아조 카페

그렇다면 헐렝이가 3박4일 동안 연구한 참신한 3단계 동작 퀴즈!

1

휘리릭!!!

2

뺑!

97

3

쨘!

나는 무엇일까요? 답을 보지 말고 생각을 좀 해보기 바랍니다. 그래도 참을성 없는 독자들을 생각해서, 답을 보이자면, 바로바로 꽈.배.기! 우리의 전통 과자 꽈배귀입니다. 우하하하하

우하하하하··· 참신하지, 이쁘야?!

이건 꽈배귀가 아니고 꽈배기잖아!

맛있겠다···

후덜덜

97

개다리 춤

무슨 소리야?! 난 내 인생 21년 동안 꽈배귀라고 알고 있었다구!

꼬아···배~달팽이관?!

원더풀! 뷰티풀! 판타스틱!!!

아직도 연구중

너무나 참신하고 재미있고 멋져요, 헐렝이 선배!

저도 제 인생 20년 동안 꽈배귀라고 알고 있었어요!

헉!

너는 또 왜 그러니?

97

허겁 지겁!

신입생 김순수

마야의 별점

마야 사람들은 아이가 태어나면 특별한 책력을 아이에게 주었죠. 그 책력에는 아이의 미래가 다 나와 있었습니다.

언제 일거리를 찾게 되고 결혼은 언제 하며 언제 무슨 사고를 당할 것이고 죽는 날은 언제일 거라는 식으로 말입니다.

중앙 아메리카의 마야 사회에는 공식적이고 의무적인 점성술이 있었습니다.

갓난아기 때부터 어른들이 그것을 되풀이해서 읽어 주기 때문에 누구나 그 내용을 완전히 외우게 되고, 스스로 읊조림으로써 자신의 삶이 어디까지 왔는지를 알게 됩니다.

그 제도는 원만하게 운용되었습니다. 점성술사들이 자기들의 예상이 어긋나지 않도록 조치를 취해 놓았기 때문입니다.

남자의 책력에는 이렇게 되어 있었고

여자의 책력에는 이렇게 되어 있었으니까요

예컨대, 어떤 사람의 노랫말에 언제 집을 사게 될 거라는 구절이 있으면, 그 집을 팔 사람의 노래에는 그날 집을 꼭 팔아야 한다고 되어 있었습니다.

또 어느 날짜에 싸움이 벌어지리라는 예언이 있으면 그 싸움에 가담할 사람들이 이미 오래전부터 그 날짜를 알고 있는 터라 실제로 싸움이 벌어졌죠.

모든 게 아주 잘 돌아갔고, 그 제도는 저절로 공고해졌습니다. 전쟁조차 날짜가 예고되고 전투의 내역이 미리 숙지되었습니다. 누가 이기고, 부상자와 사망자가 몇 명이 되리라는 것도 알고 있었습니다.

포로들을 희생시켜서라도 그 수를 맞추었습니다.

만일 사망자 수가 예견과 정확히 맞아떨어지지 않는 경우가 생기면,

각각의 인생 경로를 분명히 밝혀 놓았기에 사람들은 저마다 자기 삶뿐만 아니라 남들의 삶까지도 어디로 나아가리라는 것을 알고 있었습니다.

마야인들의 별점은 세계의 종말이
오는 순간을 예언하는 데서 그 절정을
이루었습니다.

때가
되었도다!

세계의 종말은 서력 기원으로 쳐서
열 번째 세기에 오기로 되어 있었습니다.

사람들은 그 재앙을 감수하기보다는
도시에 불을 지르고 가족을 제 손으로
죽인 뒤에 스스로 목숨을 끊었습니다.

운명이다.

미련을
버려.

얼마 안 되는 생존자들만이 불길에 싸인
도시를 떠나 평원의 떠돌이가 되었습니다.

고지식하고 어수룩한
사람들의 문명이었다고요?
천만에!

오히려 배우고
싶은걸요…

내일 카드 결제일이
두려운 김수박

마야인들은 0이라는 수와
바퀴를 알고 있었고, 도로를
건설하기도 했죠.

공수레
0수거…

달그락
달그락

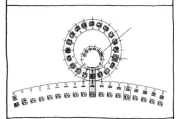

18개월 체계로 이루어진 그들의
태양력은 현재 우리가 사용하는
것보다 더 정확했습니다.

고대 마야인들의 태양력은 1년을
18개월로 나누고, 한 달을 20일로
구분해 총 360일로 정했다.

16세기에 에스파냐인들이 유카탄 반도에 침입했을
때, 그들은 그다지 애를 쓸 필요가 없었습니다. 이미
오래전에 그 문명이 스스로 파멸했기 때문입니다.

쩝… 모두 떠났군…

스스로를 마야의 먼 후손이라고 주장하는
인디오들이 아직 남아 있습니다.
'라칸돈'이 바로 그들입니다.

?

우리는 오래전에
알고 있었네♪
너희들이 침략할
거란 걸…

그들은 정확한 의미를 모르는 채 인생의 모든 사건을
나열하는 옛 노래를 흥얼거리고 있습니다.

파울 카메러 박사

헝가리 태생의 영국 작가 아서 케슬러는 과학계의 사기 행위에 대한 작품을 쓰기로 했습니다.

사기꾼들! **소설**로써 폭로하리라!

아서 캐슬러

그 문제에 관해서 그에게 질문을 받은 연구자들은

과학계의 가장 불행한 사기 사건은 아마도 파울 카메러 박사와 관련된… (음성 변조)

뒷모습만 나오게 해주세요.

오스트리아의 생물학자인 파울 카메러 박사의 생물학적 발견들은 주로 1922년에서 1929년 사이에 이루어졌죠.

파울 카메러

그는 언변이 뛰어나며 매력적이고 열정적인 사람이었습니다.

모든 생명체는 환경의 변화에 적응할 수 있고 그 적응의 결과를 후세에 전할 수 있소!

뭐?!

벌떡

다윈

그 이론은 다윈의 주장과는 정반대였습니다.

카메러 박사는 자기가 옳다는 것은 증명하기 위해 흥미로운 실험을 생각해 냈습니다.

꾸웱!!!

그가 실험 대상으로 삼은 동물은 땅에서 생식을 하는 산두꺼비였습니다.

그는 그 두꺼비들의 알을 구하여 물 속에 넣었습니다. 그러자 그 알에서 나온 두꺼비들은 호수에 사는 두꺼비들의 특징을 보이면서 물에 적응하였습니다.

그 두꺼비들의 발가락에 검은 돌기가 생겼습니다.

꾸웱!

그 돌기는 수생 두꺼비 수컷이 암컷의 미끈미끈한 살가죽에 매달려 물 속에서 교미를 할 수 있도록 해주는 것이었죠.

꾸웱 (알러뷰 쏘 머치, 베이베!)

수중 환경에 대한 그 적응이 후세에 전해져, 새끼들도 발가락에 검은 돌기를 가지고 태어났습니다. 결국 수중의 삶이 두꺼비들의 유전자 정보를 변화시키고 그들을 수중 환경에 적응시킬 것입니다.

카메러는 그 실험을 통해 상당히 성공적으로 자기 이론을 옹호하였습니다.

그러던 어느 날 과학자들과 대학 교수들이 그의 실험을 '객관적으로' 검토하고 싶어 했습니다.

카메러 박사는 자기가 사기꾼이 아님을 멋지게 증명해 보이리라 생각했습니다.

그런데 공교롭게도 공개 발표 전날 그의 실험실에 화재가 발생하여 그의 두꺼비들이 모두 죽고 단 한 마리만 남았습니다.

그는 유일하게 살아 남은 그 두꺼비를 가지고 나와 발가락의 검은 돌기를 보여줄 수밖에 없었습니다.

그 두꺼비를 살펴본 과학자들이 폭소를 터뜨렸습니다.

두꺼비 발가락에 난 검은 돌기는 누가 봐도 살가죽 속에 먹물을 주입해서 인위적으로 만든 것임이 뻔히 보였기 때문입니다.

사기가 폭로되자 강의실은 웃음바다가 되었습니다.

카메러는 일거에 신용을 잃고 자기 연구 업적을 인정받을 기회를 놓치고 말았습니다. 그는 모두에게서 배척을 받고 교수직에서 쫓겨났습니다.

다윈주의자들이 승리를 거둔 셈이었습니다.

야유를 받으며 강의실을 떠난 카메러는
절망의 나날을 보내다가 끝내는 숲으로
달아나…

여보, 어디가?
이 밤에?!

나를 잊고
잘 살아…
으아!!!

입에 권총을 물고 자살하였습니다. 그는 간결한 글을
남겨, 자기 실험의 진실성을 재차 주장했습니다.

사람들 속에서보다는
자연 속에서
죽고 싶다.

영원한 닥터 카메러

하지만 그렇게 자살함으로써 그는 실추된 명예를
회복할 기회마저 스스로 없애 버리고 말았죠.

이쯤 되면 누구나 그것을
과학계의 가장 졸렬한 사기
사건으로 생각할 법합니다.

그러나 아서 케슬러는 조사를
하던 중에 카메러의 조교였다는
사람을 만났습니다.

당신의 이름은?

그냥 X 라고
해 두죠.

그(X)는…

내가 바로 그 사건의
장본인입니다.
(음성 변조)

뒷모습만 나오게
해 주세요.

그의 고백에 따르면, 그는 다윈주의
학자들 그룹의 사주에 따라
실험실에 불을 질렀고,

다윈 만세!!!

마지막 남은 변종 두꺼비를 살가죽 속에 미리 먹물을
주입해 놓은 다른 두꺼비로 바꿔치기했다는 것입니다.

다윈 만세!

자네!
나 싫어하나?

관념권

관념은 살아 있는 존재와 같습니다.

관념은 태어나서 자라고 번식하며, 다른 관념과 대결하다가…

와다!!!

관념

콰콰

마침내 죽음을 맞습니다.

관념

그렇다면 관념은 생물처럼 진화도 할 수 있지 않을까요?

또 다원주의자들이 주장하는 것처럼 가장 약한 것을 제거하고 가장 강한 것을 번식시키기 위해 관념들 사이에서도 선별이 이루어지지 않을까요?

왠지 비꼬는 것 같은데?!

1970년에 자크 모노는 『우연과 필연』이라는 저서에서, 관념은 자율성을 가질 수 있으며 유기체처럼 번식하고 증식할 수 있다는 가설을 내놓았습니다.

우연과 필연

자크 모노

1976년에 리처드 도킨스는 『이기적인 유전자』라는 책에서 '관념권'이라는 말을 사용하였습니다.

생물권이 생물의 세계이듯이 관념권은 관념의 세계입니다.

이기적인 유전자

책사!!!

리차드 도킨스

도킨스는 이렇게 쓰고 있습니다.

누가 어떤 창의적인 관념을 내 정신에 심어 준다면,

창의적인 관념

그는 말 그대로 나의 뇌에 기생하는 것이고,

창의적인 관념

그 생각을 전파하기 위한 수단으로 나의 뇌를 변화시키는 것이다.

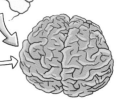

그러면서 그는 자기의 주장을 뒷받침하기 위해 '신'이라는 관념을 예로 듭니다.

복음과

경전,

음악과

이 관념은 어느 날 생겨난 뒤로 끊임없이 진화해 오고 전파되어 왔으며,

미술 등을 통해 중계되고 확대되었습니다.

이 관념은 사제들을 통해 재생산되어 왔고, 자기 시대에 맞도록 재해석되어 왔습니다.

관념은 생성, 발전, 소멸하는 속도가 생물보다 더 빠를 수 있죠. 예컨대 공산주의라는 관념은…

만국의 프롤레타리아여 단결하라!

나도 같이 썼어요!

칼 마르크스

엥겔스

아주 짧은 기간에 퍼져 나가 공간적으로 지구의 반에 영향을 미쳤습니다.

혁명으로 그대들이 잃을 것은 쇠사슬뿐이고,

얻을 것은 온 세계다!

이 관념은 진화하고 변화하다가 결국은 쇠퇴하여 갈수록 소수의 사람들에게만 영향을 미치고 있습니다.

하지만 공산주의라는 관념은 그렇게 변화하는 과정에서 자본주의라는 관념도 변화하게 만들었죠.

성장보다는 분배!

저 북유럽 국가들이 부러운 건 사실이에요. 우리는 왜 안 되나요?

우리의 문명은 관념권에서 벌어지는 관념들 간의 투쟁을 통해 발전해 갑니다.

수구!!! 자본가!!!
보수!!! 진보!!! 노동자!!!
우파!!! 좌파!!! 리얼진보!!!
수구꼴통!!! 무산계급!!! 빨갱이!!!
유산계급!!!

오늘날 컴퓨터는 관념들의 이동과 변이를 가속화하고 있습니다.

베르나르 ♪ 베르 베르라고 검색해 봐야지~~~♪

타다… 타다…

랄랄라…

인터넷 덕분에 관념은 예전보다 훨씬 빠른 속도로 퍼져 나갈 수 있으며,

정보가 필요해.

정보!

정보!

정보!

두두두두두두

경쟁자나 천적과 대결하는 일도 훨씬 빠르게 이루어집니다.

뭐?! 여자들 군대 갔다 와보라고?!

너네들이 출산 해 볼래?!

우두두두두두…

인터넷은 좋은 관념뿐만 아니라 나쁜 관념들을 널리 퍼뜨리는 데에도 아주 유용한 수단이 됩니다. 관념의 세계에는 '도덕'이라는 것이 없기 때문입니다.

'네트'는 위대해…

인터넷 세상에서 생겨난 돌연변이 (영화-GHOST IN THE SHELL 中)

하긴 생물의 세계에서도 진화가 어떤 도덕률에 따라 이루어지는 것은 아니죠.

고요한 듯하지만 '비도덕적'인 **약육강식**이 펼쳐지고 있다.

그러므로 인터넷을 통해 어떤 관념을 전파하거나 인터넷에 '굴러다니는' 관념을 퍼올 때는…

대한민국만 한 우주선 3대가 지구로 오고 있다는 음모야…

지하벙커를 만들어야 해!

삘빌…

좀 더 신중해야 합니다.

관념들은 이제 그것들을 창안한 사람들이나 전달하는 사람들보다 더 강력하니까요.

나쁜 마초들!

가부장의 노예들!!!

여성 해방을 위하여!

이쁜이 무서워…

따지고 보면, 이런 생각도 하나의 관념일 뿐이지만….

… …

소수의 부정적 댓글에 상처받은 베르베르

역설적인 간청

에릭슨은 일곱 살 때 아버지가 송아지 한 마리를 외양간에 끌어 넣느라 애쓰는 것을 보았습니다.

아버지의 노력에도 불구하고 송아지는 꿈쩍도 하지 않았습니다. 어린 에릭슨은 깔깔깔 웃으면서 아버지를 놀렸습니다.

깔깔깔…

헉! 헉!

어디 네가 한번 해봐라. 얼마나 잘하는지 보자.

에릭슨은 한 가지 묘안을 떠올렸습니다.

고삐를 잡아당기는 대신에 송아지 뒤에 가서 꼬리를 잡아당기자는 게 그것이었습니다.

음무! (뒤로 가기 싫어!)

에릭슨의 생각대로 되었습니다.

덜컹!

꽈당!

허허… 이 놈! 똑똑하네, 그려! 이담에 커서 박사가 되렴!

40년 후, 에릭슨은 환자들이 건강을 회복하도록 이끌기 위해 완곡한 간청의 한 방식인 '에릭슨 최면'과 역설적인 간청을 생각해 냈습니다.

아하!

딱!

에릭슨 박사

이런 방법의 유용성을 우리는 일상생활에서도 확인할 수 있습니다.

우리 아이가 달라졌어요 에릭슨 최면 프로그램

우리 아이가 말을 안 들어요. 어떡해요, 박사님?!

아이가 방을 어지럽히면 부모는 아이에게 방을 정돈하라고 하죠. 별로 좋은 방법이 아닙니다.

거꾸로 부모가 장난감과 옷가지를 더 꺼내다가
아무데나 던지면서 방안을 더욱 어지럽게 만들면,

보다 못한 아이가 이렇게 말할 것입니다.

아빠, 그만 좀 해요.
더 이상 견딜 수가
없어요. 정리 정돈을
해야 돼요.

멍멍멍 야~옹~
멍멍멍 야~옹~
♪ 사이좋게 ♪
놀다가아···

동화책

팥순이
어린이
컴퓨터

순이
린이
퓨
터

반대 방향으로 잡아당기는 것이 때로는
옳은 방향으로 잡아당기는 것보다
더 효과적인 것으로 나타납니다.

정·리·정·돈!

김수박 씨!
망화 상대적이고
절대적인 지식의
백과사전 천천히
만드셔도 돼요···
편집장 曰

그것이 의식의
분발을 야기하기
때문입니다.

팥순이

인류 역사를 보더라도 역설적인 간청은 의식적으로든
무의식적으로든 끊임없이 사용되어 왔습니다.

국제
연맹

국제
연합

두 차례의 세계 대전을 겪고 수백만 명의 목숨을 잃은
뒤에야 국제 연맹과 국제 연합을 생각해 냈고,

독재자들의 폭력을 겪고 나서야
인권 선언을 만들어 냈습니다.

어떤 수단을
써서라도
1차 세계 대전의
마무리를 하겠소!

왼

히틀러

그는 많은 사람을 죽였지만
민주주의의 절차대로
독일의 수상이 된 사람이다.

또 체르노빌 사태를 겪은
뒤에야 안전 관리를 소홀히 한
원자로가 얼마나 위험한지를
깨달았습니다.

우크라이나 정부는 지난 2000년
12월 체르노빌 원전을
영구 폐쇄했다.

혹시 나의 능력을
의심하고 있는 건
아닐까···

삐빠삐

휙!휙!

아빠
놀자!

안 돼~

안절
부절

협동, 상호성, 용서

1974년, 철학자이자 심리학자인 토론토 대학 교수 애너톨 레퍼포트는 이런 발표를 합니다.

타인을 상대로 행동하는 방식 중에서 가장 '효율적인' 것은…

1) 협동
2) 상호성
3) 용서

붕우

즉, 남에게 먼저 협동을 제안하고, 상호성의 원칙에 따라서 자기가 받은 만큼 남에게 주는 데에서 이익을 얻게 됩니다.

상대가 도움을 주면 이쪽에서도 도움을 주고

어시스트 좋았어!

은혜를 갚은거지, 뭐…

상대가 공격을 하면 똑같은 방식과 똑같은 강도로 반격을 가합니다.

펙!

패스!

그러고 나서는 상대를 용서하고 다시 협동을 제안해야 한다는 것이죠.

잊어버리고 다시 뭉치자!!!

1979년에 정치학자 로버트 액설로드는 살아 있는 존재처럼 행동할 수 있는 컴퓨터 프로그램들 중에서 가장 우수한 것을 가리는 일종의 토너먼트를 주최하였습니다.

토너먼트 참가자들 모여라!!!

로버트 액설로드

그는 이 토너먼트에 관심을 가진 동료들로부터 14개의 프로그램 디스켓을 받았습니다.

각 프로그램에는 저마다의 행동 법칙이 있었습니다.

오늘만을 기다렸다!

프로그램을 디스켓으로 의인화해 봅니다.

뭘 봐?!

북적북적우왕좌왕

가장 많은 점수를 축적하는 프로그램이 승리자가 됩니다.

가능한 한 빨리 다른 프로그램에 접근하여 그 프로그램의 점수를 빼앗은 다음 상대를 갈아치우는 것을 행동 규칙으로 삼은 프로그램…

다른 프로그램들과의 접촉을 피하고 혼자 해나가려고 애쓰면서 자기 점수를 지키는 프로그램…

남이 적대적으로 나오면 그만두라고 경고하고 나서 벌을 가하는 프로그램…

협동하는 척하다가 기습적으로 배신하는 프로그램…

그런데 다른 모든 프로그램을 이기고 승리를 거둔 것은 협동·상호성·용서를 행동 규칙으로 삼은 애너톨 레퍼포트의 프로그램이었습니다.

그보다 훨씬 더 놀라운 사실은…
협동·상호성·용서의 프로그램이 처음에는 공격적인 프로그램들을 상대로 점수를 잃지만,

조금 전 전투중…

결국에는 승리를 거두고, 시간이 흐르면 흐를수록 다른 프로그램들의 행동에까지 영향을 미친다는 점이었습니다.

이웃한 프로그램들은 그 프로그램이 점수를 모으는 데 가장 효율적이라는 점을 깨닫고 마침내 똑같은 태도를 취하게 된다는 것입니다.

이렇듯 장기적으로 보면 협동·상호성·용서의 원칙이 가장 이로운 행동 방식임이 드러납니다.

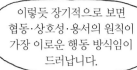

만화 프로젝트 공모전에서 3년 연속 **낙방한** 김수박

우리는 일상 생활에서 그 점을 확인할 수 있습니다.

만화는 말입니다… 남자는 잘생기게…

여자는 예쁘고 섹시하게…

괴물!

몬스터!

만화는 상상의 매체?!

우주!

판타지!

사람이 날개죽지에 날개 달고 막 날기도 하고…

이것이 의미하는 바는 직장 동료나 경쟁자가 우리에게 어떤 모욕을 가할 경우 그것을 잊고 마치 아무 일도 없었던 것처럼

같이 일하자고 그에게 계속 제안해야 한다는 것입니다.

오… 어떻게… 밉디미운 그 사람에게…

안 그래요, 여러분?!

이 사람 왜 이래?

난 아직 **인격**이 모자란가 봐!

돌을 닦아야…

결국에 가서는 이 방식이 효과를 발휘하게 된다고요.

이건 단지 선의의 문제가 아니라 우리 자신의 이익이 걸린 문제예요.

컴퓨터 공학은 무엇이 우리에게 이익이 되는가를 입증해 주고 있습니다.

제자로 받아 주세요.

협동·상호성·용서 좀 가르쳐 주세요!

좋다…우선 인격 수양을 위해 커피 좀 타와라.

설탕 둘, 프림 하나!

숫자의 힘

숫자는 그 형태로 의식의 진화 과정을 우리에게 이야기해 주고 있습니다.

인간의 몸이 이게 가능한지 모르겠지만...

인간의 단계4 잠시 후에 만나요.

우덜덜...

숫자들에 나타나는 곡선은 사랑을 의미하고,

사랑해...

가로줄은 집착을 뜻하며,

그건 집착이야

선의 교차는 시험과 이행을 가리킵니다.

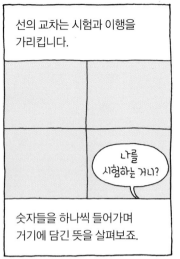

나를 시험하는 거니?

숫자들을 하나씩 들어가며 거기에 담긴 뜻을 살펴보죠.

0은 공백의 단계입니다.

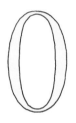

닫혀 있는 태초의 알이죠.

1은 광물의 단계입니다. 이 숫자는 하나의 줄로만 되어 있죠. 이것은 부동성과 물질의 출현을 뜻합니다.

....

집착을 나타내는 가로줄도 없고 시련을 나타내는 교차도 없습니다. 광물에는 의식이 없습니다. 그냥 존재할 뿐이죠.

2는 식물의 단계입니다. 이 숫자는 밑 부분이 가로줄로 되어 있습니다. 이는 식물이 땅에 붙박여 있음과 같습니다.

식물은 땅에 속박되어 움직일 수 없습니다.

하지만 이 숫자의 상부에는 곡선이 있죠. 이는 식물이 하늘과 빛을 사랑하는 것과 통합니다. 식물은 하늘과 빛을 사랑하기 때문에 그것들을 위해 자기 상부에 있는 꽃을 아름답게 만드는 것입니다.

3은 동물의 단계입니다. 이 숫자에는 가로줄이 없습니다. 이는 동물이 땅의 속박에서 벗어나 자유롭게 움직일 수 있음과 상통합니다.

자유다!

고양이의 몸이 이게 가능한지 모르겠지만...

두 개의 고리는 위쪽과 아래쪽을 사랑하고 있음을 뜻합니다. 동물은 하늘을 사랑하고 땅을 사랑하지만, 어느 쪽에도 속박되어 있지 않습니다.

그 대신 동물은 자기 감정과 욕구의 노예로 행동하죠. 두 개의 고리는 두 개의 입이기도 합니다.

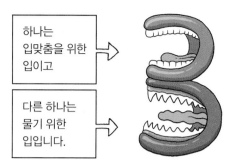

하나는 입맞춤을 위한 입이고

다른 하나는 물기 위한 입입니다.

동물은 포식자가 되기도 하고 먹이가 되기도 합니다.

동물은 언제나 두려움을 지닌 채 살아갑니다. 먹이를 얻지 못하는 것에 대한 두려움, 사랑받지 못하는 것에 대한 두려움 등을 지닌 채 말이죠.

그 때문에 동물은 끊임없이 움직이면서 살아갑니다.

4는 인간의 단계입니다. 이 숫자에는 십자 모양이 나타납니다. 길들이 교차하는 모양입니다.

헐떡...

멋있어요, 헐렝 선배! 힘내! 힘내!

미안해요...제가 관절이 안 좋아서...

4는 교차점을 가진 최초의 숫자입니다.

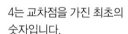

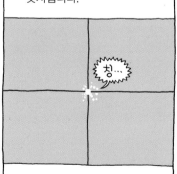

챙...

이 단계에서 변화에 성공하면 더 높은 세계로 옮아가게 됩니다.

인간은 자유 의지를 통해 동물의 단계로 내려갈 수도 있고(즉, 두려움과 욕망의 노예가 되어 살 수도 있고),

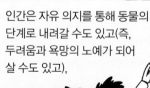

교차 상태에 머물 수도 있으며, 의식의 더 높은 단계로 나아갈 수도 있습니다.

바로 선택의 기로(岐路)에 서 있는 인류의 모습이죠.

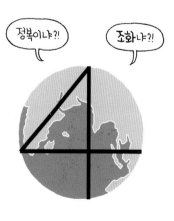

정복이냐?!

조화냐?!

5는 영혼의 단계입니다. 이 숫자는 모양이 2와 반대로 되어 있습니다. 즉 곡선이 아래에 있는 것이죠.

이는 땅과 땅에 거주하는 자들에 대한 사랑을 뜻합니다.

이 단계의 의식은 땅의 속박, 즉 물질적인 욕구에서 벗어나는 데에 성공하여 하늘에서 무슨 일이 벌어지고 있는지를 이해하기에 이릅니다.

이 단계의 존재는 인류와 생명을 총체적으로 사랑합니다. 말하자면, 깨달음을 얻은 인간, 의식을 고양시키는 일의 중요성을 알고 있는 존재인 것입니다.

6은 모난 곳도 곧은 줄도 없이 하나로 이어진 곡선입니다. 이는 완전한 사랑을 뜻합니다.

이 숫자는 소용돌이 모양에 가깝습니다.

이는 무한을 향해 나아갈 준비가 되어 있음을 의미합니다.

이 단계에 이르면, 하늘과 땅, 위쪽과 아래쪽의 온갖 속박에서 벗어납니다.

물질이 없는 순수한 정신의 단계, 천사의 단계입니다.

6은 또한 어머니 뱃속에 있는 태아의 형상이기도 하죠.

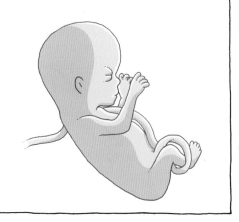

우리는 이 숫자들을 쓸 때마다 그것들에 담긴 이런 깊은 뜻을 전달하고 있는 셈입니다.

시도

내가 생각하는 것,

내가 말하고 싶어하는 것,

내가 말하고 있다고 믿는 것,

내가 말하는 것,

그대가 듣고 싶어하는 것,

그대가 듣고 있다고 믿는 것,

그대가 듣는 것,

그대가 이해하고 싶어하는 것,

그대가 이해하고 있다고 믿는 것,

그대가 이해하는 것,

내 생각과 그대의 이해 사이에 이렇게 열 가지 가능성이 있기에

우리의 의사 소통에는 어려움이 있습니다.

그렇다 해도 우리는 시도를 해야 합니다.

중국에 간 로마인들

서쪽으로는 카이사르가 영국까지 세력을 확대한 터라, 크라수스는 바다에 닿을 때까지 동방으로 나아갈 작정이었습니다.

기원전 54년, 시리아 총독 크라수스 장군은 카이사르의 성공을 시샘하며 자기도 대장정에 나섭니다.

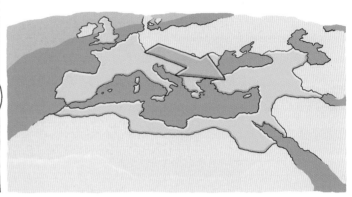

그런데, 파르티아 왕국이 그의 앞길을 가로막습니다. 크라수스는 로마의 대군을 지휘하며 맞섰지만,

카레스(하란) 전투에서 파르티아의 총사령관, 즉 '수레나'에게 패배를 당합니다. 크라수스가 살해되면서 동방 정벌은 종국을 맞게 됩니다.

그런데 크라수스의 이 시도는 뜻하지 않은 결과를 낳았습니다. 많은 로마 병사들이 포로가 되었는데, 파르티아인들은 이 포로들을 자기네 군대에 받아들여 쿠샤나 왕국의 군대와 싸우게 한 거죠.

그런데, 이번에는 파르티아 왕국이 패배하여, 로마 병사들은 쿠샤나군에 편입되는 신세가 되었습니다.

당시에 쿠샤나 왕국은 중국과 전쟁을 벌이고 있었습니다. 다시 전투가 벌어지고…

돌격!!!

이번에는 중국인들이 승리를 거두었습니다. 이 나라 저 나라 군대로 전전하던 로마의 포로들은 마침내 중국 군대로 가게 되었죠.

안녕하세요?

전투복 남는 것 있으시죠?

이 백인들은 중국인들을 놀라게 했습니다. 중국인들은 무엇보다 투석기나 노포(弩砲) 같은 포위 공격 무기의 제조에 관한 로마인들의 지식에 경탄했습니다.

우와!!!

중국인들은 로마 병사들을 받아들여 그들에게 자유를 주고 읍락을 이루어 살게 하였습니다.

보기 좋아!

잘 살아!

나도 장가 가고 싶어…

행복해!

로마 병사들은 중국 여인들과 결혼했습니다.

몇 년 후, 로마의 상인들이 중국에 와서 그들에게 고향으로 데려다 주겠다고 제안을 했을 때, 그 로마 병사들은 중국에 사는 게 더 행복하다면서 상인들의 제안을 거절하였습니다.

구해 주러 왔더니…

뭐?! 그럼 처음부터 다시 시작하자고?!

됐네, 이 사람아!

덱끼! 이 사람아!

내 남편 이야!!!

소년 십자군

소년들이 주축이 된 최초의
십자군 원정은 1212년에
있었습니다.

어른들과 귀족들은 예루살렘을 해방시키는 데 실패했다.

그것은 그들의 정신이 순수하지 않기 때문이다.

우리는 어리고, 그래서 순수하다.

결코 상심해서가 아니라구!

…라는 논리를 펴면서 할 일 없이 빈둥거리던 젊은이들이
십자군 원정을 조직하겠다고 나섰습니다.

그 충동적인 움직임은 주로 신성 로마 제국에서
일어났습니다. 그리하여 일군의 소년들이 신성 로마
제국을 떠나 성지를 향해 출발했습니다.

가자!

가자!

가자!

어디로?!

그들은 지도 하나도 변변히 갖추고 있지 않았습니다.

동쪽으로!!!

그들은 남쪽을 향해 가고 있으면서도 자기들이
동쪽으로 가고 있다고 생각했습니다.

그들은 론 강 유역을 따라 내려갔습니다. 그들 무리는 수천을
헤아릴 만큼 수가 점점 불어났습니다. 그들은 도중에 마을이
나타나면 농부들의 식량을 약탈하였습니다.

우리는
십자군 소년단
이다!!!

그러나 사실,
배고픈 건
사실이다!

그러나
돈은 없다!

너희들
학교
안 가니?!

어느 마을에서 주민들에게 길을 물었더니
곧 바다에 당도하게 될 거라고 했습니다.

가자!
가자!
가자!
．．．．

소년들은 바다를 어떻게 건널
것인가를 걱정하지 않았습니다.

모세에게 기적이 일어났듯이, 자기들이
예루살렘으로 건너갈 수 있도록 바다가 길을 열어
주리라고 확신했습니다.

우리의 정신은
순수하니까!

그들이 다다른 항구는 마르세유였습니다.
바다는 그들에게 길을 열어 주지 않았습니다.

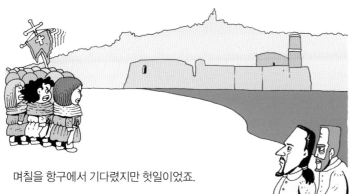

며칠을 항구에서 기다렸지만 헛일이었죠.

그러던 차에, 시칠리아 사람
둘이 나타났습니다.

예루살렘 까지
배로 데려다주겠네.

오 …
하나님이 보낸
천사들인가
보다!!!!!

소년들은 기적이 일어난
거라고 믿었습니다.

그것은 기적이 아니었습니다. 그 두 시칠리아 사람은
튀니지의 어떤 해적단과 짜고 소년들을 예루살렘이
아니라 튀니스로 데려갔습니다.

편안하게
여행을 즐기게.

거기에서 소년들은
모두 헐값에 노예로
팔려 나갔습니다.

여기가
예루살렘
이에요?

할렐루야!

돈을 먼저
주시오!!!

쟤들이
그 유명한
순수한
소년들?!

밤비 신드롬

사랑이 때로는 증오만큼이나 위험할 수 있대.

유럽과 북미의 국립공원을 찾는 사람들은 아기 사슴을 자주 만나게 되지. 어미가 멀리 있지 않은데도, 그 아기 사슴은 외롭고 쓸쓸해 보이기가 십상이야.

서울대공원

사람들은 측은한 마음도 들고, 커다란 인형처럼 마냥 순해 보이는 동물에 가까이 다가서는 것이 기쁘기도 해서, 그 아기 사슴을 쓰다듬어 주고 싶어 해.

귀여워~♥

다정하게 쓰다듬어 주면 아기 사슴은 더욱 온순한 모습을 보이기까지 해.

그런데, 해치려는 의도라곤 전혀 없는 그 손길이 아기 사슴에게는 치명적인 행위가 된다는 거지.

이유가 뭐지?

태어난 지 처음 몇 주 동안, 어미 사슴은 오로지 냄새를 통해서만 자기 새끼를 알아보거든. 그 손길이 아무리 다정스러웠다 해도, 일단 사람의 손길이 닿고 나면 새끼 사슴의 몸에 사람 냄새가 배어들어.

!

엄마!

미약하지만 오염성이 강한 그 냄새는 새끼 사슴의
후각적인 신분 증명서를 쓸모없게 만들어 버려.
아기 사슴은 가족을 다시 만나자마자 버림받는 신세가 돼.

어떤 암사슴도 다시는 받아 주지 않기
때문에, 아기 사슴은 굶어 죽는 형벌에
처해진 거나 다름이 없어.

죽음을 부르는 그런 애무를
'밤비 신드롬' 또는 '월트
디즈니 신드롬'이라고 해.

헐렝이 선배,
이쁜이 선배!
뭐 하세요?

우와~ 사슴이네요.
그런데…
외롭고, 쓸쓸해 보여요.

외롭고…
쓸쓸해 보여요.

헐렝이
선배.

깡순아!
호랑이 보러가자,
호랑이 !!!

와~그래그래!
호랑이가
생닭 막!막!
뜯어 먹는 것
보러가자 !!!

어떤 왕의 선택

어떤 재상이 왕에게 말했다죠.

색종이로 만든 왕관

올해 거두어들일 곡식이 모두 어떤 팡이에 감염되었습니다. 이 곡식을 먹는 사람들은 정신에 이상이 생길 것입니다.

*팡이: 훗날 이 팡이에서 환각제가 나오게 된다.

하면, 백성들에게 알려서 그 곡식을 먹지 못하게 해야겠구나.

하오나 그것 말고는 먹을 게 없습니다. 만일 백성들에게 그 감염된 곡식을 주지 않는다면,

그들은 굶주림을 견디지 못해 반란을 일으킬 것입니다.

나를 따르라!!!

먹을 게 없는데 뭘 가리냐?!

분배!

하면, 백성들에게는 그 오염된 곡식을 주고, 우리는 곳간에 비축해 둔 성한 곡식을 먹으면 되겠구나.

하오나…

모든 백성이 미치광이가 되고 우리만 정신이 온전한 사람으로 남게 되면, 백성들은 오히려 우리를 미치광이로 여길 것입니다.

저 미친 사람들!

당장 감옥에 가두자!

왕은

도서관

파르르

깊이 깊이

생각하다가

결론을 내렸다.

CLICK!
CLICK!
CLICK!
CLICK!
CLICK!

으아아아~

촤~

그렇다면 길은 하나뿐 이로구나. 우리도 백성들처럼 그 오염된 곡식을 먹기로 하자.

하지만 우리가 미치더라도 원래는 그렇지 않았다는 것을 기억하기 위해

우리 이마에 어떤 표시를 하기로 하자.

무엇으로?

파랑색 유성매직이 어떨까?

몇달 후…

나라의 지도자가 …

안미쳤음

나도 안미쳤다

97

차이의 이점

오랫동안 사람들은 가장 빠른 정자가 난자를 수태시킨다고 생각했죠.

그러나 사실은 그렇지 않습니다.

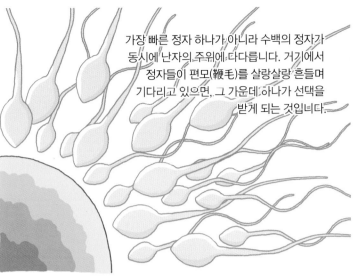

가장 빠른 정자 하나가 아니라 수백의 정자가 동시에 난자의 주위에 다다릅니다. 거기에서 정자들이 편모(鞭毛)를 살랑살랑 흔들며 기다리고 있으면, 그 가운데 하나가 선택을 받게 되는 것입니다.

몰려온 수많은 청혼자들 가운데 하나를 골라 승리자로 만들어 주는 것은 결국 난자입니다.

내가 왕이다!!!

오늘이 16일이니까, 27번 옆에, 앞에, 뒤에 건너편 옆에 친구가 나와서 12번 문제 풀어 봐!

아니… 도대체 기준이 뭡니까?!

난자는 어떤 기준으로 정자를 선택하는 것일까요?

연구자들은 오랫동안 그 문제를 탐구한 끝에 최근에 답을 찾아냈습니다.

왜 하필 나를?

나에게 없는 것을 가졌으니까.

난자는 '자기 것과 가장 다른 유전적 특성을 보이는' 정자를 낙점한다는 것이 그 답입니다.

이것은 일종의 생존 전략입니다. 우리의 염색체는 자기와 유사한 것이 아니라 자기와 다른 것과 결합해서 더욱 풍부해지려는 성향을 지니고 있습니다.

재미있는 가계부 정리 시간에 황급히 어디 가?

아빠 도망가?

그것이 바로 자연의 섭리입니다.

돈 계산은 네가 잘하잖니?! 난 내가 잘하는 돈 벌러 갈게…

어~쭈!!! 이건 또 뭐야?! 대나무통 삼겹살 십오만 팔천 원!!! 잘한다, 잘해!

내가 쏜다~

미래에 대한 의식

같은 손의 다른 손가락들을 마주 대할 수 있는 엄지손가락이 있다는 점일까요?

인간이 다른 동물과 다른 점은 무엇일까요?

코털을 잡을 수 있을 정도?!

꽥!!!

뻥

아니면, 언어?

김수박 아저씨의 그 버릇은 다른 사람에게 불쾌감을 줄 수 있기에 충분하지 아니아니 하다고 아니할 수 없지 아니하지 않을까요?

콩~

비대해진 뇌?

난 머리가 큰 게 사실은 자랑스러워.

직립 자세?

호우!!!

저마다의 관점에 따라서 아주 많은 것들이 제시될 수 있겠지만,

냐옹!

그냥 간단하게 미래에 대한 의식이라고 말해도 무방할 것입니다.

그냥 처음부터 간단하게 **미래에 대한 의식** 이라고 말하는 게 좋지 아니하지 않을 수 없지 않을까요?!

동물들은 현재와 과거 속에서 삽니다. 동물들은 눈앞에 닥친 일을 이미 경험했던 일과 비교합니다.

그와 반대로, 인간은 앞으로 일어날 일을 예측하려고 합니다. 미래를 제어하고자 하는 이 성향은 아마도 인간이 신석기 시대에 농업에 관심을 갖게 되면서 나타났을 것입니다.

그때부터 인간은 채집과 수렵을 버리고 미래의 수확을 예상하며 씨를 뿌렸습니다.

사람들은 아주 자연스럽게 그 미래를 설명하기 위한 수단으로 언어를 고안하게 되었습니다.

태고 시대의 언어는 미래를 말하기 위한 어휘도 적었고 문법도 지극히 단순했습니다.

그에 비해 오늘날의 언어는 어휘도 풍부하고 문법도 날이 갈수록 정교해지고 있습니다.

미래에 대한 예측을 확실히 하기 위해서는 과학 기술이 필요했고, 거기에서 기계의 맹아가 싹텄습니다.

자랑스러운 우리의 과학 기술들

또 신이란 것도 미래에 대한 의식과 연관해서 생각해 보면, 인간의 통제를 벗어나는 것을 설명하기 위한 이름이라고 할 수 있습니다.

오~신이시여! 도대체 언제 비가 오는 겁니까?!!!

이젠 사냥법도 다 잊어 버렸는데 어떡하나 .....

그러나 과학 기술의 힘으로 인간이 미래를 더욱 잘 통제할 수 있게 되면서 신이 점차 사라지고,

기상학자와

이번 주 수요일부터 전국에 단비가 내릴 전망입니다.

전국에 단비
5 ~ 30   5알쪽
10 ~ 40

오~ 신이시여 !!!!!

미래학자,

이대로 가면 이제 곧 지구가 멸망할 것입니다. 하하하

The Future
NEXT EXIT

예!?

그리고 과학 기술을 이용하여 미래를 예측할 수 있다고 믿는 모든 사람들이

지구?   멸망?

그 역할을 대신하려 하고 있습니다.

음… 그럼, 내가 신에게 궁금한 게 남아있다면 .....

저는 몇 살에 결혼하나요?

아이는 몇이나 낳을까요?

솔직히 언제 '대박' 터지나요?

저는 언제 죽나요?

그걸 내가 어떻게 아냐?!

게다가 그걸 모두 알면 재미없어서 어떻게 사니?!

헐렝 선배, 달!

알

먼저, 알 껍데기의 얼개가 얼마나 정교한지 살펴보죠.

알 껍데기는 삼각형의 금속염 결정으로 이루어져 있습니다.

새의 알은 자연이 빚어낸 걸작 가운데 하나입니다.

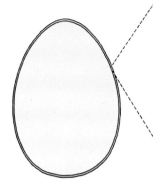

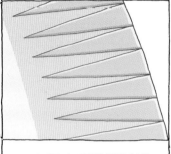

그 결정들의 뾰족한 끝은 알의 중심을 겨누고 있습니다.

그래서, 외부로부터 압력을 받으면 결정들이 서로 끼이고 죄이면서 알 껍데기의 저항력이 한결 커집니다.

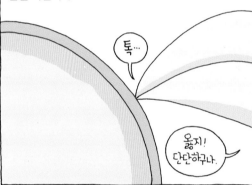

톡…

옳지! 단단하구나.

로마네스크식 성당의 둥근 천장이나 입구를 이루는 아치처럼, 압력이 세면 셀수록 구조는 더욱 견고해지는 것입니다.

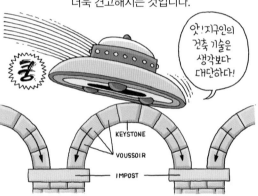

앗! 지구인의 건축 기술은 생각보다 대단하다!

KEYSTONE
VOUSSOIR
IMPOST

그와 반대로, 압력이 내부로부터 올 때는 삼각형 결정들이 서로 떨어지면서 얼개 전체가 쉽게 무너집니다.

나도 자랄 만큼 자랐으니, 이제 나가야지… 세상으로!

이렇듯, 알 껍데기는 밖으로부터 오는 힘에 대해서는 알을 품는 어미의 무게를 견딜 수 있을 만큼 단단하고,

톡!!!

안으로부터 오는 힘에 대해서는 새끼가 쉽게 깨고 나올 수 있을 만큼 약합니다.

새의 알은 또 다른 특장(特長)들을 보여 줍니다. 새의 알눈이 완전하게 성장하기 위해서는 언제나 노른자 위쪽에 놓여 있어야 하는데,

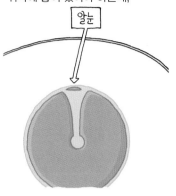

알눈

어쩌다 알이 뒤집어지는 경우가 생길 수 있습니다.

이런 장난꾸러기들 때문에!

삶은 달걀일까, 날달걀일까… 돌려 보자!

휙~

그러나 그것은 전혀 문제가 되지 않습니다.

알이 거꾸로 놓여도 노른자의 자리가 변하지 않게 하는 알끈이 있기 때문입니다.

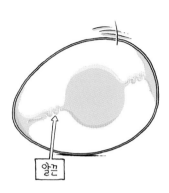

알끈

즉, 탄력성 있는 두 개의 끈이 노른자를 감아 알막의 양쪽 측벽에 이어 댐으로써 노른자를 매어 달고 있는 것입니다.

손가락을 대었다, 놓아도 계속 돌면 날달걀이야.

만화 상상력 사전 1권 56쪽에 나와.

멋있어요, 선배! 저도 꼭 사서 볼게요.

알눈은 오뚝이처럼 언제나 제 위치로 돌아옵니다.

새가 알을 낳을 때, 알은 따뜻한 어미 뱃속에서 갑자기 차가운 곳으로 나오게 됩니다. 그렇게 급격히 냉각되는 과정에서, 붙어 있던 두 알막이 서로 분리되고 그 사이에 공기 주머니가 생깁니다.

공기 주머니

그 공기 주머니는 알이 부화하는 몇 초의 짧은 시간 동안 새끼가 숨을 쉴 수 있게 해줍니다.

푸하~

그렇게 숨을 쉼으로써 새끼는 알 껍질을 깰 수 있는 힘을 얻고

위급할 때는 삐약 소리를 내서 어미를 부를 수 있는 것입니다.

삐약 (엄마, 저 아저씨가 달걀 오믈렛 만들려고 그랬떠!!!)

미…미안 합니다…

꼬꼬댁 꼭꼭 (이런… 파렴치한 녀석, 썩 물렀거라!!!)

잉카 세계의 신분

잉카 부족들은 결정론을 믿었고 세습적인 계급 제도를 받아들였습니다.

예)?!

그들에게는 직업 지도의 문제가 없었습니다. 직업은 출생으로 결정되었기 때문입니다.

갓 태어난 아이

너는 이제 증권 펀드 매니저다.

농부의 아들은 농부가 되고 무사의 아들은 무사가 되는 것이 당연하게 여겨졌지요.

이런... 억울한 경우를 봤나?!

씩! 씩!

계급을 세습하는 과정에서 혹시 생길지도 모를 실수를 미연에 방지하기 위해서 아이들의 몸에 금방 알아볼 수 있는 표시를 새겼습니다.

신분을 속이는 사람들이 많사옵니다.

오호... 어찌하면 좋을꼬... 그래! 이렇게 하세!

그들은 그 방법은 이러했습니다. 정수리가 채 굳지 않아서 숨구멍이 발딱거리는 갓난아이의 머리를 나무로 만든 특별한 바이스에 물려 놓습니다.

내가 직접 디자인했네.

망극하옵니다. 전하!!!

플러스펜

그 바이스는 아이들의 머리통을 원하는 모양으로 만들기 위한 것입니다. 예를 들어, 왕의 자식들은 네모지게, 무사의 아이들은 세모지게 하는 식입니다.

머리통 모양을 주어진 틀에 맞추어 가는 그 공정은 그다지 고통스럽지는 않았습니다.

왕의 자식   무사의 자식   농부의 자식

벋니를 교정하기 위해 치아 보정 기구를 달고 다니는 거나 크게 다를 게 없기 때문입니다.

우리 아기 어서 잘생긴 네모 머리통이 되어라!

그러고 나면, 설령 왕자가 거리에 버려져도 그게 왕자라는 걸 누구나 알아볼 수 있게 되죠.

네모꼴의 왕관을 쓸 수 있는 네모진 머리를 가진 아이는 왕자뿐이니까요.

짠

통촉하여 주시옵소서!!!!!

전하!!!

마찬가지로 무사 자식들의 머리통은 세모꼴로 맞추어졌고, 농부 자식들의 머리 모양은 뾰족했습니다.

앗! 쟤는 때리면 안 되겠군.

앗! 이 녀석은 싸움 잘할 것 같다.

치~ 머리 모양도 못생긴게…

♪

저마다 사회적 계급과 직능을 머리통에 찍고 평생을 살아야 했기 때문에 잉카 사회에는 변동이 일어나지 않았고, 개인적인 야망이 피어날 여지가 없었습니다.

나한테 딱 맞는데?! 난 왕의 후손인가?

전하!

그런 종류의 계급 의식은 버리라구!

난… 아무래도… 농부의 후손인가?

후덜덜덜

개다리춤

47

사람을 다루는 기술

사람은 세 부류로 나눌 수 있습니다.

첫째는 시각적인 언어를 표현의 준거로 삼아 말하는 사람,

둘째는 주로 청각적인 언어를 빌려서 말하는 사람,

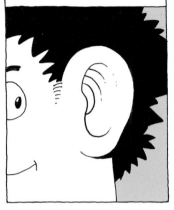

셋째는 육감적인 언어를 많이 구사하는 사람입니다.

시각파들은

이것 봐요!

…라는 말을 자주 합니다. 그들은 이미지를 빌려서 말하는 사람들이기 때문입니다.

그들은 보여 주고 관찰하며 색깔을 통해 묘사합니다.

명백합니다.
불분명합니다.
투명합니다.
장밋빛 인생!
불을 보듯 뻔해요.
새파랗게 질린 겁니까?

헐렝의 보고서

…와 같은 표현을 즐겨 사용합니다.

청각파들은

들어 봐요!

…라는 말을 자연스럽게 합니다.

쇠귀에 경 읽기입니다.
경종을 울리는군요.
나발 부는 건 아니지만…
가락이 맞아야…
불협화음일 수도…
귀가 솔깃하게,
세상이 떠들썩…

같은 말들을 자주 씁니다.

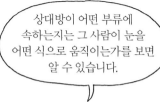

중요한 메시지를 전달하는 순간에, 상대방의 아래팔을 눌러 자극을 주는 것입니다.

그러면, 매번 그의 아래팔을 다시 눌러 줄 때마다 그는 되풀이해서 자극을 받게 됩니다.

출판사의 강무성 주간도 이 방법을 사용했다.

한 가지 조심할 것은 그 방법을 뒤죽박죽으로 사용하면 전혀 효과를 볼 수 없다는 점입니다. 예컨대, 어떤 심리 요법 의사가 자기 환자를 맞아들일 때,

…하고 그를 측은해 하면서 어깨를 툭툭 친다고 하죠.

만일 그 의사가 환자와 헤어지는 순간에도 똑같은 동작을 되풀이한다면,

그가 아무리 훌륭한 치료를 행했다 한들 환자는 한순간에 다시 불안에 빠지고 말 것입니다.

달나라 여행

13세기에 중국 송나라에서는 달을 찬미하는 문화적 행위가 크게 유행하였습니다.

헐렝이 선배, 달!

하늘에 뜬 달… 물 위에 뜬 달… 술잔 속에 뜬 달…

당신의 두 눈동자에 달이 뜨고 내 두 눈동자에 달이 비치면…

어머! 멋지옵니다, 헐렝이 대감!

내로라하는 문호와 가객들은 너나없이 하늘에 떠 있는 그 위성을 영감의 원천으로 삼았습니다.

그 무렵의 송나라 임금 중에는 달에 관해서 모든 것을 알고 싶어한 이가 있었습니다.

달 달 무슨 달 쟁반같이 둥근 달 어디어디 떴나? 남산 위에 떴지.

손수 시를 짓고 글을 쓰기도 했던 그는…

달을 너무나 찬미한 나머지 달에 발을 디디는 최초의 인간이 되고 싶어 했습니다.

달에 가고 싶도다! 로켓을 만들지어다!!!

예~이~

그는 신하들에게 명을 내려서 로켓을 만들게 했습니다. 당시의 중국인들은 이미 화약의 사용법을 아주 잘 알고 있던 터였습니다.

음… 미래적인 디자인이로다!!!

우리의 신기술인 **화약**을 사용하여 발사됩니다.

송나라 임금호

그들은 임금이 탄 작은 가마 밑에 커다란 폭약을 설치했습니다.

흥분되는데?! 유후!!!

불 붙입니다, 임금님!!!

송나라 임금호

그 중국인들은 닐 암스트롱이나 쥘 베른의 시대보다 훨씬 앞서서 달 로켓을 만든 셈이었습니다.

존경합니다!

폭약이 터질 때의 추진력으로 가마를 달까지 쏘아 올리려고 생각한 거죠.

쿠오호오오오오호오오와와아

그러나 사전 연구가 너무 부실했던 탓에,

폭약의 심지에 불을 붙이자마자,

펑!

쾅

불꽃놀이를 방불케 하는 광경이 벌어졌습니다.

송나라 임금은 휘황하게 작렬하는 그 불꽃 속에서 가마와 함께 산산이 부서졌습니다.

… …

아이고, 임금님!

와… 그런데 아름답다야

백성들을 기쁘게 해 줄 묘안이 떠올랐어!

미래는 배우들의 것

배우들은 불의에 맞서 분노하는 시늉을 할 줄 알기에 사람들의 존경을 받고,

사랑하는 시늉을 해서 사람들의 괌을 받으며,

이것은 단지 연기일 뿐이야.

행복한 모습을 연기할 줄 알기에 사람들의 부러움을 삽니다.

이것은 단지 연기일 뿐일까?

배우들은 이제 모든 직업에 침투하고 있습니다.

1980년 미국 대통령 선거에서 로널드 레이건이 당선된 것은 배우들이 지배하는 세상이 도래하고 있음을 보여 주는 결정적인 사건이었습니다.

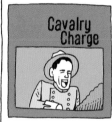

고명한 사상이라든가 통치 능력 따위는 쓸모가 없어지고,

로널드 레이건의 기병대

감독 : 루이스 R. 포스터
주연 : 로널드 레이건, 론다 플레밍
시간 : 89분
개봉일 : 1951-01-01
등급 : 15세 관람가
가격 : 500 포인트

Cavalry Charge

[다운로드]　　[영화보기]

연설문을 작성하기 위한 전문가들을 거느리고 카메라 앞에서 멋진 연기를 하는 것이 더 중요한 세상이 온 것입니다.

사실, 현대의 대다수 민주주의 국가에서 유권자들은 더 이상 정강(政綱) 정책에 따라서 후보를 선택하지 않습니다

베르베르TV 시민의 목소리

누구나 선거 공약이 종당엔 공약(空約)이 되고 말리라는 것을 뻔히 알고 있어요.

베르베르TV 시민의 목소리

순대국밥집 손할머니

현대 국가의 문제를 해결하기 위해서는 모든 정당과 정파의 지혜를 다 합쳐도 모자란다는 것을 느끼고 있기 때문입니다.

뒷모습만 나오게 해주세요.

만화가 김씨

그 대신, 유권자들은 생김새와 미소, 음성, 옷맵시, 인터뷰할 때의 격식을 차리지 않는 태도, 재치 있는 언변 따위로 후보자를 선택합니다.

직업의 모든 분야에서 배우 같은 사람들이 불가항력적으로 우위를 점해 가고 있습니다.

연기 잘하는 화가는 단색의 화폭을 갖다 놓고도 예술 작품이라고 설득할 수 있고,

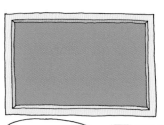

연기력 좋은 가수는 시원찮은 목소리를 가지고도 그럴듯한 뮤직 비디오를 만들어 냅니다.

한마디로, 배우들이 세상을 좌지우지하고 있죠.

문제는, 이렇게 배우들이 우위를 차지하다 보니,

내용보다는 형식이 더 중요해지고
겉치레가 실속을 압도하는 상황이
벌어진다는 데에 있습니다.

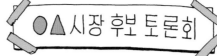

○△시장 후보 토론회

사람들은 이제 무엇을 말하는가에는
별로 주의를 기울이지 않습니다.

그보다는 어떻게 말하는지,
말할 때 눈길을 어디에 두는지,
넥타이와 웃옷 호주머니에 꽂힌
장식 손수건이 잘 어울리는지
따위를 보는 것으로 만족합니다.

그리하여, 좋은 생각을 가지고
있으면서도 그것을 제시할 줄 모르는
사람들은 토론에서 점차 배제되어
가고 있습니다.

빵! 빵!
나는 죽윤빵이다!

후둑!

버둥
버둥

문제의
심각성은
바로 거기에
있습니다.

거울의 단계

아기는 첫돌 무렵에 거울의 단계라는 이상한 시기를 경험합니다.

그 무렵까지 아기는…

어머니와	자기 자신	젖가슴	젖병
빛	아버지	자기 손	장난감 등

세상의 모든 사람과 사물이 일체를 이루는 것으로 믿고 있습니다.

아기가 보기에는 큰 것과 작은 것, 앞의 것과 뒤의 것 사이에 아무런 차이가 없죠. 모든 것이 하나로 되어 있고 세계와 자아가 전혀 분리되어 있지 않습니다.

그러다가 갑자기 거울의 단계가 찾아옵니다.

거울의 단계!!!

탕!

곽소아과

곽소아과: 경북 구미시 옥계동 560-3번지

첫돌 무렵이 되면, 아기는 따로서기를 하기 시작하고, 죄암질이 능숙해지며,

생리적인 욕구를 조금씩 억제할 수 있게 됩니다.

그럼 똥·오줌도 가리게 되나요?

아… 네… 하하…

곽소아

그 시기에 아기는 거울을 보면서 자기가 존재한다는 것과

자기 주위에 다른 사람들과 세계가 있다는 것을 알게 됩니다.

스스로를 알아보고 스스로에 대한 이미지를 형성합니다.

그 이미지는 좋은 것일 수도 있고 나쁜 것일 수도 있습니다.

거울에 비친 자기를 쓰다듬으며 입을 맞추고 목젖이 보이도록

웃을 때도 있지만,

스스로에게 얼굴을 찡그려 보이기도 합니다.

대개의 경우 아기는 스스로의 이미지를 흡족하게 여기면서 자기애에 빠집니다.

거울은 아기의 상상력을 자극하며, 아기는 상상 속에서 자기를 어떤 영웅과 동일시합니다.

이제부터의 삶은 끊임없는 욕구 불만과 좌절의 원천이지만,

그 상상력 덕분에 삶의 어려움을 견뎌 나갑니다.

생일 케이크

그 의식을 통해서 인간은 자기가 불을 일으킬 수도 있고, 입김을 불어 끌 수도 있다는 것을 스스로에게 주기적으로 환기시킵니다.

생일 때마다 촛불을 밝히고 불어 끄는 것은 인간의 특성을 아주 잘 드러내는 의식 가운데 하나입니다.

♪ 생일 축하합니다! ♪

후~

와~아!!!

불을 제어하는 것은 아기가 책임 있는 존재로 발전하기 위해 거쳐야 하는 통과 의례 중의 하나입니다.

그러나 오늘은 **할아버지** 생신이야, 이 녀석!!!

딱!

괜찮다.

그러니까 이 촛불은 여섯 살이 아니고 예순 살.

아니야, 아니야! 내가 끌 거야!!!

반대로 노인이 되어 촛불을 불어 끄기가 어려울 만큼 숨이 딸리는 것은

이제 활동하는 인구에서 사회적으로 배제될 때가 되었음을 뜻합니다.

뭐라구?!

꺄!!!

나는 **건재**하다구! 하하하

마술

먼저 성냥갑에서 유황이 칠해져 있는 껄끄러운 마찰 면을 뜯어내어 작은 접시에 놓습니다.

→ 헐렝이네 멀쩡한 성냥갑

맨손에서 연기가 나게 하려면 어떻게 할까요?

딱!

갖가지 개인기에 관심이 많음.

뜯어낸 마찰 면에 불을 붙여 접시 위에서 타게 내버려둡니다.

활활

← 멀쩡한 성냥을 옆에 두고 라이터로…

이때 주의할 것이 하나 있습니다. 그것을 태우는 과정에서 많은 연기가 나기 때문에, 창문을 열어 놓고 하거나 공기가 잘 통하는 곳에서 하는 게 바람직합니다.

이노무 자식! 네가 몇 살인데 불장난이냐?! 어이구!

으악!!! 다 이유가 있어서 그런 거야… 나도 스물한 살인데~

주의하지 않으면 헐렝이처럼 엄마한테 야단맞을 수 있거든요.

연소가 끝나면, 판지가 타고 남은 재가 생깁니다. 이 재의 냄새는…

이게 무슨 고약한 냄새냐? 당장 갖다 버려야겠다!

엄마, 안돼!!!

그 재 밑을 잘 보면, 끈끈한 기름처럼 생긴 거무스름한 찌꺼기가 보입니다.

그 찌꺼기를 엄지 손가락과 집게손가락에 바릅니다.

엄마! 나 학교 다녀 올게요!

쌩

어~휴! 저… 저…

준비가 다 끝났으면, 마술을
하나 보여 주겠노라고
사람들에게 알리세요.

?

순수야!
나 헐렝이 선밴데...
지금 어디 있니?
동아리방?!

내가
보여 줄 게
좀 있는데...

두 손가락을 비비며, 아브라카다브라! 하고

주문을 외면, 하얀
연기가 피어오릅니다.

우~와!
멋있어요,
헐렝이 선배!!!

최고다!!!

손가락이 타는 것도 아닌데 말입니다.

끝으로 노파심에서 하는 말이지만,

마술이 끝나고 나면
손을 잘 씻어야 해.
손가락에 바른
그 물질에는 약간의
독성이 있기 때문이지.

안돼요!
죽으면 안돼요,
헐렝이 선배!

목숨을 건
사랑인가?

60

독신을 막는 방법

피레네 지방의 어떤 마을에서는 1920년까지 독신의 문제를 간단하고 직접적인 방식으로 해결하였습니다.

그 마을들에는 '혼인의 밤'이라는 연례 행사가 있었습니다. 그날 밤이 되면, 열여섯 살이 된 처녀와 총각들이 모두 한자리에 모였습니다.

마을 어른들은 참가하는 처녀 총각의 수가 같게 되도록 사전에 적절한 조치를 취하였습니다.

행사는 먼저 산기슭의 야외에 온 마을 사람들이 모여 흐드러지게 먹고 마시는 성대한 잔치로 시작됩니다.

그러다 정해진 시각이 되면, 처녀들이 먼저 식탁을 떠나 산속으로 들어갑니다.

처녀들이 달려가 덤불 속에 숨으면, 마치 숨바꼭질을 하듯 총각들이 그녀들을 찾으러 갑니다.

어떤 처녀든 그녀를 가장 먼저 찾아낸 총각이 그녀를 차지하게 되어 있습니다.

예쁜 처녀일수록 그녀를 찾는
총각들이 많게 마련이지만,

아무리 콧대가 높은 처녀라도
자기를 가장 먼저 찾아낸 총각에게
퇴짜를 놓을 권리는 없습니다.

그러다 보니, 예쁜 여자들을 가장
먼저 찾아내는 것은 꼭 잘생긴
총각들이 아니라 날래고 눈치 빠르고
꾀바른 총각들이기가 십상입니다.

다른 총각들은 덜 매력적인
처녀들로 만족할 수밖에 없습니다.

훗날 이 총각은 마음씨 좋고 유쾌한
이 여자에게 죽고 못 살았다고 한다.

어떤 총각도 처녀를 동반하지 않고
혼자서 마을로 돌아오는 것은
용납되지 않기 때문입니다.

만일 어떤 총각이 못생긴 처녀가 성에 차지 않는다고 혼자서 돌아오면, 그는 마을에서 쫓겨나고 맙니다.

못난 처녀들로서는 그 행사가 밤에 이루어지는 것이 여간 다행스럽지 않습니다. 어둠이 짙을수록 유리한 건 그녀들 쪽입니다.

이렇게 된 바…

맞춰 가며 살아 봅시다.

그게 인생이야

그러나 그들의 몇 년 후…

어둠이 짙어서 유리한 건 오히려 저였어요.

아주 복덩이라니깐요!

알고 보니 그녀는 재테크의 여왕!

그렇게 밤은 깊어 가고…

야! 나 안 보여?! 좀 전에 나랑 눈 마주쳤잖아!!!

제가 밤눈이 어두워서… 그럼 이만…

평생 동안 도망 다닐 겁니까?

그래! 평생 도망 다닐거다! 따라오지 마!!!

이튿날에는 결혼식이 거행됩니다. 그 마을들에 노총각과 노처녀가 거의 없었음은 더 말할 나위도 없죠.

나 어제 땅 파고 네 시간 동안 매복했어. 잘했지?

작년 여름 해병대 체험 캠프에서!

응… 난 깡순의 분홍색 야전삽을 한눈에 알아볼 수 있었어. 매복은 언제 배웠어?

내년에 또 봐요~

63

유토피아

우리 몸의 각 부분은 서로 완벽한 조화를 이루며 움직입니다.

우리의 세포는 모두 평등하죠.

오른쪽 눈은 왼쪽 눈을 시샘하지 않고,

네가 나를 보지 않는다 하여도…

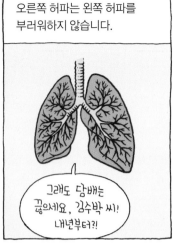

오른쪽 허파는 왼쪽 허파를 부러워하지 않습니다.

그래도 담배는 끊으세요, 김수박 씨! 내년부터?!

우리 몸을 이루는 모든 세포, 모든 기관, 모든 부분은 유기체 전체가 최상의 상태로 기능할 수 있도록 기여한다는 단 하나의 동일한 목적을 지니고 있습니다.

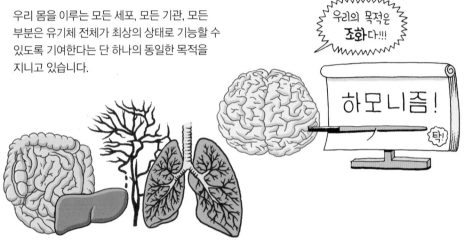

우리의 목적은 조화다!!!

하모니즘!

탁!

우리 몸의 세포들은 공산주의와 무정부주의를 알고 있으며, 그런 체제를 성공적으로 실현하고 있습니다.

지금까지의 모든 사회의 역사는 계급투쟁의 역사다!

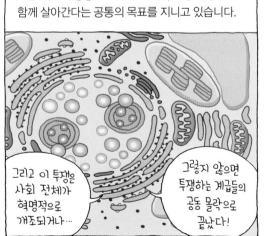

모든 세포가 평등하고 자유롭지만, 최상의 상태로 함께 살아간다는 공통의 목표를 지니고 있습니다.

그리고 이 투쟁은 사회 전체가 혁명적으로 개조되거나…

그렇지 않으면 투쟁하는 계급들의 공동 몰락으로 끝났다!

정보는 호르몬과 신경을 통하여 몸 전체에 유통
되지만, 그것을 필요로 하는 부분에만 전달됩니다.

능력에 따라 일하고,
필요에 따라 분배한다!

우리 몸에는 우두머리도 행정부도 화폐도 없습니다.

만약 주먹이 쿠데타를 일으킨다면…

아니야!
이건
혁명이야!

97

당분과 산소가 유일한 재산이고, 그 재산을 어떤
기관에 가장 많이 할당할 것인가를 결정하는 것은
유기체 전체의 일입니다.

분배!

탁!

날씨가 추우면, 인체는 팔다리 끝에서 피를 빼앗아
생명 유지에 가장 긴요한 부분으로 보냅니다.

능력에 따라
일하고,

필요에 따라
분배한다!

97

날씨가 추울 때 손가락과 발가락이 가장 먼저
푸릇해지는 까닭이 거기에 있습니다.

우리 몸 안에서 소우주 규모로 행해지고 있는 것을 거시적으로 확대하면, 조직 체계의
한 가지 본보기를 얻게 될 것입니다. 이 조직 체계의 진가는 이미 입증된 지 오래입니다.

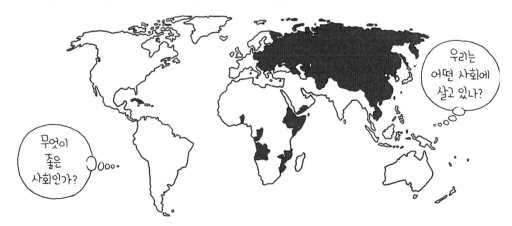

우리는
어떤 사회에
살고 있나?

무엇이
좋은
사회인가?

죽음의 탄생

죽음은 지금으로부터 7억 년 전에 출현했습니다.

단세포 생명은 영원히 죽지 않습니다. 똑같은 형태로 무한히 재생할 수 있기 때문입니다.

40억 년 전부터 그때에 이르기까지 생명은 단세포에 한정되어 있었죠.

우와! 멋있어요! 선배!

40억 년 전

내가 재밌다고 했잖아, 얘!

오늘날에도 우리는 산호초에서 영원히 죽지 않는 단세포 체제의 흔적을 찾아볼 수 있습니다.

인간님들 부럽죠?

그렇게 모든 생명이 죽음을 모르고 살아가던 어느 날,

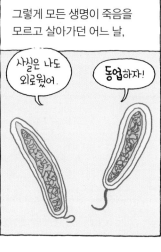

사실은 나도 외로웠어.

동업하자!

두 세포가 만나서 서로 이야기를 나눈 다음, 서로 도우며 함께 생명 활동을 하기로 결정했습니다.

40-7 = 33

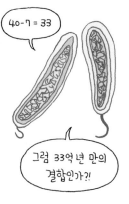

그럼 33억 년 만의 결합인가?!

그에 따라 다세포의 생명 형태가 나타났고, 그와 동시에 죽음도 생겨납니다.

다세포 생물의 출현과 죽음의 시작은 무슨 관련이 있는 걸까요?

7억 년 전 되기 조금 전

다이어트에 도움이 되겠는데요?!

두 세포가 결합하자면 서로간의 소통이 불가피하고, 그 소통의 결과 두 세포는 더욱 효율적인 생명 활동을 위해 자기들의 일을 분담하게 됩니다.

7억 년 전 되기 조금 전

예를 들어, 두 세포가 다 영양물을
소화하는 작용을 하기보다는

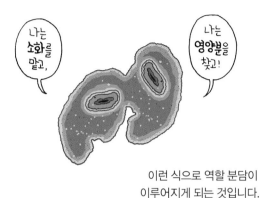

이런 식으로 역할 분담이
이루어지게 되는 것입니다.

그 후로, 세포들은 점점 더 큰 규모로
결합하게 되었고 각 세포의 전문화가
더욱 진전되었습니다.

세포들의 전문화가 진전될수록
각각의 세포는 허약해졌습니다.

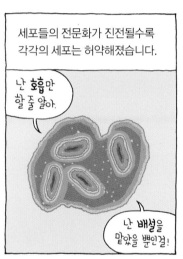

그 허약성이 갈수록 심화되어
마침내 세포는 본래의 불멸성을
잃게 되었습니다.

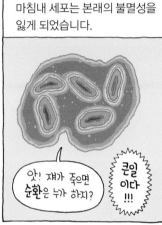

그렇게 해서
죽음이 생겨났습니다.

오늘날 우리가 보고 있는 동물들의 대부분은
고도의 전문성을 지닌 세포들의 결합체입니다.

그 세포들은 끊임없이
대화를 나누며 함께
작용합니다.

67

우리 눈의 세포들은 간의 세포들과 아주 다릅니다.

눈의 세포들은 어떤 따끈따끈한 음식을 발견하게 되면 서둘러 그 사실을 간의 세포들에게 알려 줍니다.

그러면 간의 세포들은 음식물이 입안에 들어오기도 전에 즉시 담즙을 분비하기 시작합니다.

우리 몸을 이루는 세포들은 모두가 전문적인 기능을 수행하면서 서로 소통합니다.

그리고 그 세포들은 언젠가는 죽게 되어 있습니다.

죽음의 필요성은 다른 관점에서도 설명될 수 있습니다.

죽음은 종들 간의 균형을 확보하기 위해 꼭 필요합니다.

만일 영원히 죽지 않는 다세포 종이 존재하게 된다면

그 종의 세포들은 전문화를 계속하여 모든 문제를 해결하게 될 것이고,

1. 역사는 말해 준다!

2. 우리 각자가 한 가지 기능만 수행할 것이 아니라…

3. 그러니까 미드필더가 때로 공격에 가담하고…

4. 그러니까… **멀티 플레이어**가 되자!

생명 활동이 너무나 효율적인 나머지 다른 모든 생명 형태의 존속을 위태롭게 만들 것입니다.

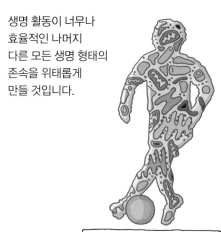

멀티 플레이어 **이영표** 세포

암세포가 활동하는 방식을 생각해 보면 그 점이 더욱 분명해집니다.

분열 능력이 큰 암세포는 다른 세포들이 말리거나 말거나 막무가내로 분열을 계속하죠.

그만해… 제발…

WHAT?!

암세포는 태초의 불멸성을 되찾으려는 야심을 가지고 있습니다.

고대 로마의 영광을 재현하려는…

어흥!!!

무솔리니의 야심이랄까?!

물론 실패했지만…

암세포가 유기체 전체를 죽이게 되는 까닭이 거기에 있습니다.

암세포는 남의 말은 전혀 듣지 않고 언제나 혼자서만 지껄이는 사람들과 비슷한 셈이죠.

암세포는 자폐증에 걸린 위험한 세포입니다.

그것은 다른 세포들을 고려하지 않고 불멸성을 헛되이 추구하면서 끊임없이 증식하다가 마침내는 자기 주위에 있는 모든 것을 죽여 버립니다.

그럼으로써 결국 자기도 죽죠!!!

헉!

헉! 수… 순수야!

응용 학습

우리 주변에서 **암**적인 존재를 찾아서 빈칸을 메워 봅시다. [   ]

샤머니즘

샤머니즘은 인류의 거의 모든 문화가 경험한 신앙 형태입니다.

샤먼은 지배자도 사제도 마법사도 성현도 아닙니다. 그들의 역할은 단지 인간과 자연을 화해시키는 데에 있습니다.

싸웠으면 화해해야죠!

샤먼

수리남의 인디언 사회에는 샤먼을 양성하는 독특한 제도가 있습니다.

수리남 샤먼 양성과정

샤먼 양성의 첫 단계는 24일 동안 계속되며,

사흘간의 교육과 사흘간의 휴식이 네 차례 되풀이됩니다.

수습생은 대개 여섯 명이고, 인격이 형성되어 가는 과정에 있는

얘들아... 떠들지 말어라!

너는 몇 살이니?

글쎄... 사춘기라고 해두지.

응... 나도 막막 반항하고 싶어.

사춘기의 청소년들로 이루어집니다.

그 첫 단계에서 수습생들은 무격(巫覡)의 전통과 노래와 춤을 배웁니다.

어허... 사춘기 소년들, 내일도 떠들 수 있을까?

키득

키득키득...

그들은 동물들을 더욱 잘 이해하기 위해 동물들을 관찰하면서 그 움직임과 소리를 흉내 냅니다.

그르르르르...

야옹!

교육 기간 동안 거의 아무것도 먹지 않으며,

음식 대신 담배 잎을 씹거나 담배 즙을 마십니다.

금식을 하면서 그렇게 담배 즙을 복용하면 신열이 심하게 나면서 몇 가지 심리적인 장애가 생깁니다.

입문 과정은 그것으로 끝나지 않고, 육체적으로 고통을 주는 갖가지 시험으로 점철되어 있습니다.

물론 이런 종류의 체력훈련은 아니겠지만…^^;

대단히 위험한 조건에서 행해지는 그 시험들은 수습생들을 삶과 죽음의 경계로 몰아넣고 그들의 인격을 완전히 해체해 버립니다.

담배에 중독된 상태에서 며칠 동안 그처럼 힘겹고 위험한 입문 과정을 겪고 나면, 수습생들은 눈에 보이지 않는 어떤 힘을 가시화할 수 있게 되고

접신의 상태에 익숙해지게 됩니다.

당신은 누구십니까? 절대자…? 신?!

샤먼의 입문 과정은 인간이 자연에 적응하던 원시의 기억으로 회귀하는 과정입니다.

첫 단계가 끝나면, 숲속에서 3년 가까이 홀로 지내는 고독한 삶의 기간이 이어집니다. 그 기간 동안 수습 샤먼은 자연 속에서 스스로 먹을 것을 구해야 합니다.

캬아!!!

그 시련을 이기고 살아 남으면, 그는 더럽고 지친 몸을 이끌고 거의 실성한 상태로 마을에 다시 나타납니다.

그러면, 늙은 샤먼이 그를 맞아들여 수련의 다음 단계로 이끕니다.

그 단계에서 늙은 샤먼은 환각 상태를 접신의 경험으로 변화시키는 능력을 일깨워 줍니다.

인격을 해체하여 야성의 동물 상태로 돌아가게 하는 수련 과정이 오히려 수습 샤먼을 초인적인 능력을 지닌 훌륭한 인격자로 변화시킨다는 것은 참으로 역설적입니다.

수련 과정을 다 마치고 샤먼이
되면 자기 자신을 더욱 잘
다스릴 수 있게 될 뿐만 아니라,

지력과 직관력이 우수해지고
도덕성도 한결 강해집니다.

당신은 누구십니까?

신?!

나는 **인류**를
믿습니다.

한편, 『생물학적 철학』이라는 책을 쓴
제라르 암잘라그 교수의 말에 따르면,

생물학적
철학

샤먼들은
구비(口碑) 문학의
주요한 전승자이자
창작자이기도
합니다.

그들의 구비 문학은 공동체 문화의 토대가 되는
신화적이고 시적이고 서사적인 측면들을 보여 줍니다.

오늘날에는 샤먼들이
접신을 준비하면서 마약이나
환각을 일으키는 버섯을 사용하는
일이 점점 빈번해지고 있다고
합니다.

그 현상은 샤먼들의 수련 과정이
예전의 특질을 잃고 있으며
그들의 능력이 점점 떨어지고
있음을 드러내는 것입니다.

마약은 나빠요!

ANTI DRUG

실화와 설화

학교에서 가르치는 역사는 왕들의 역사요, 전쟁과 도시의 역사입니다. 하지만 그것은 유일한 역사가 아닙니다.

1900년까지 세계 인구의 3분의 2 이상은 도시 밖에서, 즉 농촌과 숲과 산과 바닷가에서 살았습니다.

전투들은 전체 인구의 아주 작은 부분하고만 관계가 있었습니다.

하지만 역사는 기록을 요구하고, 기록자는 대개 지배자의 명령을 받는 사가(史家)였습니다.

그들은 왕이 이야기하라고 하는 것만 이야기했고,

아! … 그 만간인 학살 부분은 기록에서 삭제해 주게!

예이!

가장 중요한 역사인데, 몰래 기록해야지!

왕의 관심사인 전투와 왕가의 혼인과 왕위 계승의 문제 등에 대해서만 기록했습니다.

농촌의 역사는 거의 무시되었습니다. 기록자를 둘 수도 없고 직접 쓸 줄도 모르는 농부들은 자기들이 겪은 일을 구비(口碑)의 형태로,

이를테면 민담이나 전설이나 노래나 격언이나 농담의 형태로 전승하였습니다.

의~챠!!!

♩ 태양은 묘지 위에 붉게 타오르고~ ♪

한 낮의 찌는 더위는 나의 시련일지라~ ♫

공식적인 역사는 인류의 진화에 관한 다윈주의적 관점, 즉 유능한 자는 선택되고 무능한 자는 사라진다는 관점을 우리에게 제안합니다.

또 무슨 관점으로 비판하려고?! 응? 응?

다윈

이런 관점에서 보면 오스트레일리아의 원주민과

아마조니아 숲의 주민들

아메리칸 인디언

우리랑 다르니 일단 공격하자!

파푸아 사람들은

역사적으로 잘못을 범한 게 되고 맙니다.

군사적으로 약자였으니까요. 하지만…

이른바 원시 부족이라 불리는 이들은 그들의 설화와 사회 조직과 의술 등을 통해 우리에게 많은 것들을 가져다 줄 수 있습니다.

그게 뭘까? 같이 들어 보자꾸나, 후손들아!

미래에 우리가 행복해지는 데 우리에게 부족한 것들을 말입니다.

남이 나에게 행하기를 원치 않는 일을 남에게 행하지… 말라!!!

청두의 홍위병

중국 쓰촨(四川)성의 성도(省都)인 청두(成都)는 1967년까지만 해도 조용한 도시였습니다.

히말라야 산맥 기슭, 해발 1천 미터 되는 곳에 자리 잡고 있는 이 유서 깊은 성곽 도시는 인구가 3백만이었는데, 그 주민의 대다수는 베이징이나 상하이에서 무슨 일이 일어나고 있는지를 모르고 살았습니다.

당시에 중국의 대도시엔 인구가 넘치기 시작했고, 그에 따라 중국 정부는 대도시의 인구를 지방으로 분산시키는 정책을 추진했습니다.

그 과정에서 부모와 자식이 서로 헤어지는 일이 벌어졌습니다.

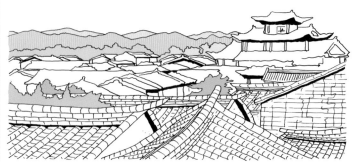

훌륭한 공산당원이 될게요, 아버지!!!

홍위병 양성소

부모는 농촌으로 가고

자식은 훌륭한 공산당원이 되기 위해 홍위병 양성소로 가야 했기 때문입니다.

그 홍위병 양성소는 강제 노동 수용소나 다름없을 만큼 생활 조건이 몹시 열악했습니다. 소년들은…

헉!

그래도 공산당원이 될거야!

헉!

제대로 먹지도 못하면서 고된 노동에 시달렸습니다.

심지어는 아이들을 상대로 톱밥을 주원료로 한 섬유소 식품에 관한 실험이 행해지기도 했다.

새로 개발한 식량이다!

배고픈데 뭘 가리냐?!

아이들은 파리처럼 죽어 나갔습니다.

그 무렵, 권력 투쟁이 한창이던 베이징에선, 마오쩌둥의 공식적인 후계자이자 홍위병의 책임자로서 문화 혁명에서 중요한 역할을 수행하던 린뱌오(林彪)가…

예?!

린 빠오

마오쩌둥의 총애를 잃는 상황이 벌어졌습니다.

개처럼 일한 나에게 어떻게 ……

자네는 너무 인간적이군!

혁명정신이 의심스러워!!!

부르르

그러자 공산당 간부들은 홍위병들에게 폭동을 부추겼습니다. 매우 역설적인 사건이었습니다.

먹지도 못 하고, 고된 노동 만을 강요받아 온 것이 억울하지 않은가?!

모택동주의의 병영을 탈출하고 교관들을 때리는 것이 바로 모택동주의의 명분 아래 행해졌으니까요.

짜당!

나가자!!!

진정한 모택동 주의를 위하여!!!

퍽!!

병영을 뛰쳐나온 소년 홍위병들은 부패한 권력에 맞서 모택동주의의 복음을 전파한다는 명목을 내걸고 전국으로 흩어졌습니다.

부패 권력 척결하자!!!

리얼 모택동 주의!!!

그러나 사실상 그들 중의 대다수는 중국에서 도망쳐 나갈 길을 찾고 있었습니다.

어디로 갈거니?

글쎄… 그런데 마오가 우리를 살려 둘까?

그들은 기차역으로 몰려가서 서쪽으로 떠났습니다.

그런데, 서쪽으로 가는 모든 기차들의 종착역은 청두였습니다. 그리하여 그 산악 도시에 열서너 살 난 소년병 수천 명이 갑자기 들이닥치게 되었습니다.

처음엔 그 소년들과 주민들 사이에 별다른 문제가 생기지 않았습니다. 소년들은 병영에서 겪은 고초가 얼마나 심했는지를 이야기했고,

청두의 시민들은 그들을 측은히 여겨 먹을 것도 주고 잠자리도 마련해 주었습니다.

그러나 소년병들의 물결은 계속 청두 역으로 쏟아져 들어왔습니다. 처음엔 수천에 지나지 않던 그들의 수가 무려 20만을 헤아리게 되었습니다.

그때부터 소년들은 주민들의 호의만으로는 만족하지 않게 되었습니다.

아직도… 배고프다…

좀도둑질이 다반사로 행해졌고, 도둑맞기를 거부한 상인들은 몰매를 맞기 일쑤였습니다.

와다!!!

퍽!

상인들은 참다못해 청두 시장을 찾아갑니다.

시급합니다! 대책을 마련해 주세요!

정 그렇다면,

그러나 시장은 어떤 대책을 마련할 겨를도 없이, 소년병들에게 끌려나가 자아 비판을 해야 했습니다.

나는 소년병들의 혁명정신을 얕보았으며…

아무튼 반성합니다.

시장은 몰매를 맞고 쫓겨났습니다.

소년병들은 새 시장을 뽑기 위한 선거를 계획하고 자기들의 후보를 내세웠습니다.

드디어 뜻을 이룰 날이 왔습니다. 아버지!!!

볼에 살이 통통한 열세 살짜리 소년이었죠.

그 소년은 실제보다 나이가 더 들어 보이고 다른 어떤 카리스마를 지니고 있었습니다.

기호 1번

그에 대한 지지를 선동하는 벽보가 나붙었습니다.

그 소년이 그다지 훌륭한 웅변가가 아니었기 때문에 그들은 대자보를 통해 자기들의 정책을 알렸습니다.

기호 1번

공약
1.
2.
3.
4.
5.

아… 청두의 운명은?

소년 후보는 별다른 어려움 없이 당선되어
소년들의 시 정부를 구성하였습니다.

이제 좀도둑질은 더 이상 범죄가 아니었습니다.

상인들은 새 시장이 부과하는 새로운 세금을
내야 했고, 홍위병들에게 거처를 제공하는 것은
시민들의 의무가 되었습니다.

홍위병들이 선거에서 승리를 거두었다는 소식이
외부에 알려지기까지는 시간이 걸렸습니다.

지방의 지사는 사태가 대단히 심각하다고 판단하고
중앙 정부에 지원 요청을 했습니다.

20만의 홍위병들에 맞서 중앙 정부는 수백 대의 전차와
수천 명의 중무장한 군인들을 보냈습니다.

그들이 받은 명령은…

소년들은 성곽으로 둘러싸인 도시 안에서 저항하려고 했습니다.

그러나 청두 시민들은 그들을 지지하지 않았습니다.

상인들은 자기 자식들이 애먼 죽음을 당할까 산 속으로 피신시키는 일이 더 급했습니다.

이틀 동안 어른들과 아이들이 맞붙어 전투를 벌였습니다. 중앙 정부군은 공중 폭격으로 소년들의 마지막 남은 저항의 보루를 날려 버리고 전투를 마무리하였습니다.

소년병들은 모두 죽음을 당하였습니다.

그 사건은 한동안 세상에 알려지지 않았습니다.

마침 미국의 닉슨 대통령이 중국 방문을 앞두고 있던 터라 중국을 비판하기가 곤란했던 거죠.

임신

고등 포유류의 경우, 완전한 임신 기간은 보통 18개월입니다.

좀 기분나쁜 개월 수이기는 하지만…

특히 말의 경우가 그래서, 망아지는 태어나자마자 걸을 수 있을 만큼 충분히 성장해서 나옵니다.

솔직히 그래서 어미말은 참 편하겠다고 생각했죠…

배 속에서 나오자마자 벌떡 일어서서 젖을 먹잖아요!

그런데 인간의 태아는 머리통이 아주 빨리 자라기 때문에 9개월이 되면 어머니 몸 밖으로 나와야 합니다.

그래서인지 산부인과에서는 초음파로 머리크기도 측정하더군요…

어머! 당신 닮아서 머리가 너무 큰 것 아닐까?

당신 닮아서 아닐까?

더 기다리다가는 머리의 부피가 너무 커져서 골반을 통과할 수 없게 될 것이기 때문입니다.

그건 마치 포탄의 크기가 대포의 구경에 맞지 않아서 포를 쏠 수 없게 되는 상황과 비슷합니다.

아빠빠빠뿌뿌 (그래도 포탄에 비유하는 것은 너무하잖아요, 베르베르 씨)

따라서 태아는 아직 완전히 발육하지 않은 상태에서 세상에 나오는 셈입니다. 생후 첫 9개월 동안 신생아가 혼자서 살 수 없고,

혼자 돌아다니거나 혼자서 음식을 먹을 수 없는 이유가 바로 거기에 있습니다.

송아지나 망아지가 태어나자마자 깡충깡충 뛰어 다니는 것에 비해 많은 차이가 있군요.

친구들이랑 호프집에 앉아서 통닭에 맥주도 못 먹고 이게 무슨 꼴이람.

여자들이 더더더 고생이거든여?!!!(어머니 독자분들)

사정이 이러하므로, 태아가 자궁 속에서 보낸 9개월의 삶을 자궁 밖에서 9개월 정도 연장시키는 것이 불가피해집니다.

태아와 모체의 밀착된 관계가 자궁 밖에서도 유지되도록 어머니 또는 어머니를 대신하는 존재가 늘 곁에 있어 주어야 합니다.

훌륭한 우리의 어머니 독자분들

이 기간 동안 아기는 대단히 정성스레 보호를 받습니다.

뭐? 모두 YOU&ME 호프에 모였다구?! … 안 돼… 나 애 봐야 돼!

마누라 5년 만의 동창 모임 나갔어.

아빠빠빠빠 (젖병 각도 맞춰 줘요!)

맥주 맛있냐? 뭐?! 통골뱅이?! 오~

우리 인간도 18개월로 합시다! 태어나자마자 막막 걸어다니게!!!

부모는 아기가 아직 진정으로 세상에 태어난 것이 아닌 만큼

아기 스스로가 보호받고 사랑받고 있다고 느끼도록 애정이 가득한 가상의 자궁을 마련해 주어야 할 것입니다.

맥주 먹고시포!

어머니 독자분들 : 말도 안 되는 소리 그만 하시고 **젖병 각도** 맞추세염!!!

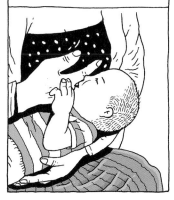

그렇게 9개월이 지나면, 아기가 자기와 외부 세계 사이에 차이가 있음을 의식하게 됨으로써 이른바 '아기의 애도'라고 부르는 일이 생깁니다.

그때부터 아기는 거울에 비친 자신을 주위의 다른 것들과 구별되는 존재로 인식하게 됩니다.

아기의 애도!!!

곽소아과

*만화 상상력 사전 1권 [아기의 애도] 참고.

왜 회식비를 당신이 몽땅 쏘냐고?! 차렷! 열중셔!!!

미안… 너무 흥에 겨운 나머지…

*만화 상상력 사전 2권 [거울의 단계] 참고.

83

생후 9개월 동안 아기가 자기를 감싸서 보호해 줄 견고한 고치를 필요로 하듯이,

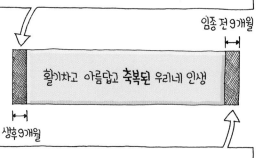

노인도 임종을 맞기 전의 9개월 동안 자기를 감싸 줄 심리적 고치를 필요로 합니다.

그 9개월은 노인이 초읽기가 시작되었음을 본능적으로 깨닫는 아주 중요한 기간입니다.

노인은 자기 생애의 마지막 아홉 달을 보내면서 마치 스스로를 출발점으로 되돌리듯이 자기의 지식과 늙은 살가죽에서 벗어나 생후 얼마 동안의 성장 과정을 역으로 되밟습니다.

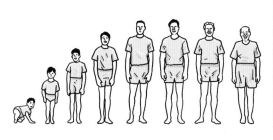

인생의 막바지에 다다른 노인은 아기나 다름없습니다. 죽을 먹고 기저귀를 차는가 하면, 이가 빠지고 머리숱이 적어지며, 알아듣기 어려운 말을 중얼거리기도 합니다.

그런데, 사람들은 아기들을 생후 9개월 동안 보살펴 주는 것은 당연한 일로 여기면서도, 노인을 생애의 마지막 9개월 동안 돌보아야 한다는 생각은 별로 하지 않습니다.

죽음이라는 최후의 탈바꿈을 준비하는 노인에게 그 탈바꿈에 꼭 필요한 고치를 마련해 줄 수 있도록 깊은 배려를 보여야 합니다.

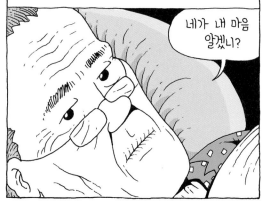

심리 테스트

먼저 종이 한 장에 네모 칸 여섯 개를 그립니다.

이곳에 직접 테스트를 해도 되겠군요.

여기 간단한 심리 테스트가 하나 있습니다.

기하학 형태의 상징적인 힘을 이용하여 어떤 사람을 더 잘 알기 위한 테스트죠.

기대 만발

흥분

우연히 이런 테스트를 만나면 신나서 해 보는 걸 꽤나 즐김.

그런 다음, 첫번째 네모 칸에는 원을 그려 넣고, 두 번째 칸에는 삼각형을, 세 번째 칸에는 계단 모양을, 네 번째 칸에는 십자가를…

김수박 씨! 만화 만들고 계신 것 맞죠?!

당연하죠!

헉! 여기는 7층인데?!

휙!

다섯 번째 칸에는 정사각형을, 여섯 번째 칸에는 '3'자를 'm'자처럼 엎어진 모양으로 그려 넣습니다.

으악!!!

그러니까 이렇게 말입니다!

이제 각각의 기하학적 형태에 선과 형태를 보태서 추상적이지 않은 어떤 그림을 만들어 봅니다.

그런 다음 각 그림 옆에 형용사를 하나씩 씁니다.

기왕이면 다른 사람 것을 흉내내지 않고 스스로 말이죠!

안 보이게 할꼬야!

다 하셨나요? 다 하셨으면 다음 페이지에서 분석 방법을 알아보죠.

여러분이 저보다…

100배는 더 잘 그리셨을 겁니다.

동그라미 주위의 그림은 그
사람이 자기 자신을 어떻게
보고 있는지를,

삼각형 주위의 그림은 남들이
그 사람을 어떻게 보고 있다고
생각하는지를,

계단꼴 주위의 그림은
그 사람이 인생을 전반적으로
어떻게 보고 있는지를,

십자가 주위의 그림은 그 사람이
자기의 영적인 측면을 어떻게
보고 있는지를 드러냅니다.

정사각형 주위의 그림은 그
사람의 가족에 대한 생각을,

엎어진 '3' 자 주위의 그림은
그 사람의 애정관에 관한
정보를 줍니다.

안 돼! 여섯 번째 칸은
보여 줄 수 없어요…

물론 이 테스트는 식당에서
음식을 기다리는 동안 심심풀이로
하는 것에 지나지 않습니다.

와작!

하지만 이것이 때로는 어떤
흥미로운 정보를 드러내 주는
것이 될 수도 있습니다.

반대로 하기

그러니까 … 네 이상형은 … 밝고, 지적이고, 음… 씩씩하고 뭐… 그런 사람이었잖아, 안 그래?!

순수… 걔는 정반대잖아, 안 그래?

YOU & ME COFFEE SHOP

내가 상관할 바는 아니지만, 궁금해서…

타성은 점차적으로 경화증을 가져옵니다.

때로는 자기가 정말로 원하는 것과 반대가 되는 것을 해보는 것이 유익할 수도 있습니다.

나도 새벽에 뜬눈으로 일해 볼까?

베르베르는 아침 8:00에서 오후 1:00 사이에 글을 쓴다.

자고 싶을 때 깨어 있어 본다든지,

음악을 듣고 싶을 때 정적 속에 그대로 있어 본다든지,

휴…

자동차를 타고 싶을 때 걸어간다든지 하는 식으로 말이죠.

너 정말 학교까지 걸어갈 생각이냐?

헐렁선배 요즘 이상해…

붕…

이런 작은 행위를 통해서 우리는 새로운 느낌과 미지의 길을 발견할 수도 있습니다.

아! 떠올랐다!

5초 후 사망 확률 50%?! 만약 미래를 알 수 있다면 당신은 운명을 바꿀 수 있는가?…

딱!!!

카사블랑카의 거울? 카산드라의 돋보기?!

그래서 순수를 만나는 거니? **반대로?!**

그런가?! 나도 모르겠어… 내 마음을.

아… 뭐, 내가 상관할 바는 아니지만, 쩝…

YOU & ME COFFEE SHOP

모성 본능

19세기 말까지 서양의 부르주아 계급에 속한 대부분의 여자들은 자녀들을 유모에게 맡겨 놓고는 더 이상 돌보지 않았습니다.

많은 사람이 모성애가 인간의 자연스러운 감정이라고 생각하죠.

그것은 전혀 사실과 다릅니다.

나갔다 올게... 주숙희 부띠끄에 새 디자인이 나왔다네!♪

네, 마님!

시골의 아낙네라고 해서 아기에게 더 관심을 가졌던 것도 아닙니다.

하루 종일 일을 해야 허니께 어쩔 수 없지유...

아기를 얇은 천에 돌돌 말아서 아기가 춥지 않도록 벽난로에서 멀지 않은 벽에 매달아 두곤 했습니다.

유아 사망률은 대단히 높았고 부모들은 자기네 자녀가 청소년기까지 살아 남을 확률이 2분의 1밖에 안 된다는 것을 숙명으로 받아들였습니다.

. . . .

20세기 초가 되어서야 서양의 정부들은 '모성 본능'의 경제적, 사회적, 군사적 이익을 깨닫습니다.

노동력은 생산력의 근간이오!

인구주택 총조사를 실시합시다!

특히 인구 조사를 하는 과정에서 많은 아이들이 제대로 먹지 못하고 학대받고 매를 맞는다는 사실이 밝혀졌습니다.

아이들이 그렇게 자라게 되면 결국 나라의 미래에도 도움이 되지 않겠지요!

음...그렇다면 대안은 바로...

모성 본능 캠페인!!!

사람들은 육아에 관한 새로운 정보와 질병을 예방하기 위한 방법들을 개발하고 널리 보급하였습니다.

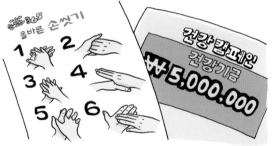

소아의 질환과 관련된 의학 분야에서도 점진적인 발전이 이루어졌습니다.

그럼으로써 부모들은 자녀들이 너무 어린 나이에 죽을까 봐 염려하지 않고 마음껏 애정을 쏟아도 된다는 확신을 갖게 되었습니다.

'모성 본능'이 중요한 문제로 부각된 것입니다.

팬티형 기저귀, 젖병, 분유, 유아용 변기, 장난감 등 육아와 관련된 새로운 상품들이 등장했습니다.

유아용품 제조업자들은 다양한 광고를 통해서 책임감 강한 어머니들의 이미지를 만들어 냈고, 아이의 행복은 현대적인 이상의 하나가 되었습니다.

그런데 참으로 역설적인 일이 벌어지고 있습니다. 아이들은 좀 컸다 싶으면 어머니가 자기들을 제대로 돌봐 주지 않았다며 원망하기 일쑤입니다.

심지어는 정신분석가를 찾아가서 어머니에 대한 자기들의 유감과 원망을 마구 쏟아 내기까지 합니다.

태아 접촉법

2차 세계 대전이 끝났을 때, 유대인 수용소에서 살아남은 네덜란드 의사 프란츠 펠트만은…

> 세상이 갈수록 나빠지고 있습니다.

…라고 평가하면서,

그 이유를 아이들이 유아기 때 충분한 사랑을 받지 못하는 데에서 찾았습니다.

> 아버지들이 일이나 전쟁에 몰두하느라고 아이들에게 별로 신경을 쓰지 못하고 있어요.

> 아버지들이 육아뿐만 아니라 임신 과정에까지 참여해야 합니다.

의사 프란츠 펠트만

어떤 방법이 있을까요? 손을 임부의 배에 올려놓고 쓰다듬는 것도 그가 생각해 낸 방법 중의 하나였습니다.

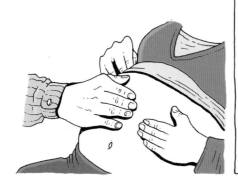

그는 '태아 접촉법'이라는 말을 만들어 냈습니다.

태아 접촉법 (haptonomie)
= haptein + nomos
=(잡다, 접촉하다.) + (법)

단지 임부의 배를 정성스럽게 쓰다듬는 것만으로도 아버지는 자기의 존재를 태아에게 알릴 수 있고 태아와 최초의 관계를 맺을 수 있다는 거죠.

실험을 통해 증명된 바에 따르면, 태아는 여러 사람이 번갈아 가며 어머니의 배에 손을 올려놓는 경우에도 그중에서 어느 것이 아빠의 손인지를 정확하게 구별합니다.

> 아빠?!

태아는 아버지의 손에 기대어 올 수도 있습니다.

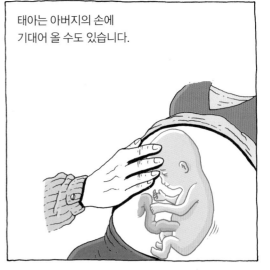

현재 이 태아 접촉법을 둘러싸고 토론이 벌어지고 있습니다.

한창 발육하고 있는 태아를 방해하는 것이 좋은 일일까요?

옳소!

태아 접촉법이 조금 귀찮은 아빠가 1명 포함되어 있다.

하지만 이 방법은 아주 일찍부터 어머니-아버지-아기의 삼각 구도를 형성함으로써 아버지로 하여금 더 많은 책임감을 느끼게 하는 장점을 지니고 있습니다.

휘…휘…

뿐만 아니라 어머니는 임신 기간 동안 혼자라는 느낌을 덜 갖게 됩니다.

자기 왔어?

자기야… "오늘 더 사랑해"

어머니는 아버지의 손이 자기와 아기에게 닿을 때 무엇이 느껴지는지를 말할 수 있고,

애기가 딸꾹질을 하나 봐!

애기야! 오늘 더 사랑해!

남자들의 적 : 션-정혜영 부부 : 너무 다정해!!!

자기의 경험을 아버지와 공유할 수 있습니다.

옛날에 고대 로마에서는 임부를 다른 여자들과 함께 지내게 하는 관습이 있었습니다.

여자들은 여자들이 알잖여!

그러나 어머니가 겪는 일을 함께 겪기에 가장 적합한 사람은 뭐니 뭐니 해도 아버지입니다.

물론이죠!

[태아접촉법]편은 집사람에게 안 보여 줘야지!

플로팅 아일랜드

잊을 만하면 돌아오는 베르베르 요리사

자… 그럼, 플로팅 아일랜드를 만들어 볼까요?!

먼저 하얀 '섬'을 띄울 노랗고 달콤한 '바다',

즉 커스터드 크림을 만드는 것이 순서입니다.

아하!

우유 1리터를 끓입니다.

활활

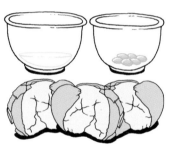

달걀 여섯 개를 깨서 흰자와 노른자를 분리합니다.

흰자는 따로 두고, 노른자는 설탕 60그램과 함께 도제 용기에 넣고 휘젓습니다.

휙휙

그런 다음 거기에 뜨거운 우유를 붓고 섞습니다.

멋쟁이 젠틀맨!

도제 용기를 약한 불에 올려놓고 계속 저으면서 크림을 툭툭하게 만듭니다.

툭! 툭! 툭!

이렇게 '바다'가 하얀 '섬'을 받아들일 준비가 되었으면, 달걀 흰자에…

설탕 80그램과

손가락 끝으로 한 번 집을 만큼의 소금을 넣고

휘젓습니다.

설탕 60그램을 과자 굽는 틀에 넣어 캐러멜을 만듭니다.

캐러멜에 휘저은 흰자를 붓고

중탕기에 넣어 20분 동안 익힌 다음 식게 내버려둡니다.

오목한 그릇에 크림을 붓고 그 위에 하얀 섬을 살그머니 내려놓습니다.

아주 차게 해서 먹지요.

그런데 **헐렝이** 씨가 안 보이네요?!

몰라요, 걔! 바쁜가봐요 … **치!**

뭘?! 왜?! 내가 뭘?!

왜 그렇게 쳐다 봐?!

뭐?! 뭐?!

헐렝이네 집

으악! 망했다! 색깔이 이상해!!!

멋있어요, 선배! 또 다른 **재창조**예요!

이상하다… 그대로 했는데…

선배는 **바다**, 나는 **섬**?!

바누아투

태평양의 바누아투 군도는 17세기 초까지 미탐험 지역으로 남아 있다가 포르투갈 사람들에 의해 발견되었습니다.

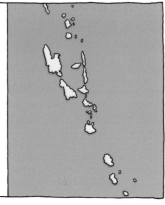

이 섬에는 수만 명의 주민이 살고 있는데, 이들은 특별한 규범의 지배를 받고 있습니다.

예를 들어, 이 섬에는 다수 집단이 자기의 선택을 소수 집단에게 강요하는 다수결의 개념이 없습니다. 어떤 선택에 이의를 제기하는 주민이 있으면,

30년 된 마을 재개발 대책 회의

그러니까 현대식으로 새로 짓자구!

난 내 집을 부술 수 없네! 죽은 내 아내와 함께 만든 집이라네!!!

이들은 만장일치에 이를 때까지 토론을 벌입니다.

물론 나는 아내를 사랑했지.

그러다 보니 어떤 결정이 내려지기까지 시간이 많이 걸립니다.

내일 다시 토론하세…

어떤 주민들은 한사코 고집을 부리면서 설득당하기를 거부하기도 합니다.

난 이 집에서 죽을 거야!

여보… 마누라!!!

그래서 바누아투 주민들은 서로 자기 의견의 정당성을 이해시키느라고 일과의 3분의 1을 토론으로 보냅니다.

보상도 섭섭잖게 해줄 걸세!

이제 해가 졌으니 돌아가게…

어떤 영토와 관련해서 논란이 생기면, 합의에 도달할 때까지 몇 년, 나아가서는 몇 세기 동안 토론이 지속될 수도 있습니다.

그동안 그 문제는 줄곧 미결 상태로 남아 있게 됩니다.

그렇지만 2, 3백 년이 지나서 마침내 모두가 동의를 하게 되면, 그 문제는 깨끗이 해결되어 원망이 전혀 남지 않게 됩니다.

누구도 패자가 아니기 때문입니다.

바누아투의 문명은 씨족을 중심으로 이루어져 있습니다. 씨족들은 저마다 서로 다른 직업 집단에 속해 있습니다.

고기잡이를 전문으로 하는 씨족이 있는가 하면,

농업이나 도기 제작 등을 전문으로 하는 씨족들도 있습니다.

씨족들 사이에는 갖가지 교환이 행해집니다.

예를 들어, 어부들은 바다로 통하는 길을 제공하는 대가로,

숲속의 샘터로 가는 길을 제공받습니다.

씨족들은 저마다 특정한 일을 전문으로 하고 있기 때문에, 만일 농부들의 씨족에서 태어난 아이가 도기 제조에 선천적인 재능을 보인다면,

그 아이는 자기 씨족을 떠나 어떤 도공 가정에 입양됩니다.

도공은 아이가 재능을 발휘하도록 도와줍니다.

만일 도공의 자식 중에 고기잡이를 하고 싶어 하는 아이가 있는 경우에도 사정은 마찬가지입니다.

바누아투를 처음으로 탐험했던 서양인들은 그런 관습을 발견하고 충격을 받았습니다.

사적인 갈등이 생기는 경우에, 바누아투 주민들은 복잡한 동맹 체제를 이용하여 갈등을 해소합니다.

A 씨족 사람이 B 씨족 사람에게 피해를 주었다면

이 두 씨족은 직접 싸움을 벌이지 않고 각기 전쟁 대리인을 내세웁니다.

말하자면, 맹세로 결합된 제3의 씨족을 대신 내세우는 것입니다.
이 중개 제도에 의해서 전투가 벌어지긴 하지만,
전투에 참가하고 있는 사람들은 서로에 대해서 직접적인
원한이나 불만을 가진 것이 아니기 때문에 서로 죽이면서까지
치열하게 싸울 필요를 느끼지 못합니다.

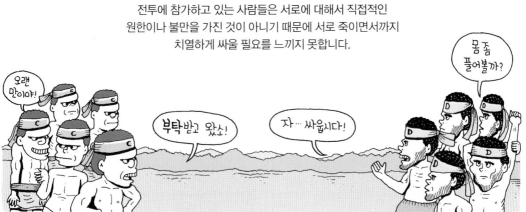

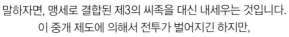

처음 격돌로 약간의 부상자가 생기고 나면,

이들은 동맹 씨족에 대한 의무를 다했다고
생각하면서 싸움을 그만둡니다.

이렇게 해서 바누아투에는
전쟁은 있으되, 단지 증오 없는 전쟁,
쓸데없는 자존심 때문에 악착같이
싸우는 일이 없는 전쟁만 있을
뿐입니다.

바보들의 결탁

1969년에 존 케네디 툴은 『바보들의 결탁』이라는 책을 썼습니다.

이 제목은 조너선 스위프트의 다음과 같은 말에서 착상된 것입니다.

어떤 진정한 천재가 이 세상에 나타났음은 바보들이 단결해서 그에 맞서는 걸 보면 알 수 있다.

우와! 더욱 더 내용이 궁금해요!

툴은 자기 소설을 출간해 줄 출판사를 찾다가 실패하자, 지치고 낙담하여 서른두 살에 자살했습니다.

어머니는 아들의 시신 발치에서 그 원고를 발견합니다.

어머니는 원고를 읽어 보고 나서 자기 아들이 인정을 받지 못한 것은 부당하다고 생각했습니다.

그리하여 어떤 출판사를 찾아가 농성을 벌였습니다.

그녀는 샌드위치만 먹어 가며 뚱뚱한 몸으로 사무실의 출입구를 막았습니다.

사장은 자기 사무실에 드나들 때마다 힘겹게 그녀를 넘어 다녀야 했습니다.

툴의 어머니는 끈질겼습니다. 출판사 사장은 결국 두 손을 들고 그 원고를 읽어 보겠다고 약속했습니다.

하지만 원고가 좋지 않으면 출간하지 않겠습니다.

그는 원고를 읽어 보고 대단히 훌륭하다고 생각해서 그것을 출간하였습니다.

!!!

부들부들

그해에 『바보들의 결탁』은 퓰리처상을 받았습니다.

이 이야기는 여기서 끝나지 않습니다. 1년 후 이 출판사에서 존 케네디 툴의 새 소설 『네온의 성서』가 출간되고, 나중에 그것을 토대로 영화가 만들어집니다.

A Confederacy of DUNCES

퓰리처상

네온의 성서

그다음 해에는 세 번째 소설이 출간됩니다.

자기의 유일한 소설을 출간해 줄 출판사를 찾지 못해서 자살한 사람이 어떻게 계속 소설을 낼 수 있었던 거죠?

그 사정은 이러합니다.

그 출판인은 존 케네디 툴이 살아 있을 때 그를 발견하지 못한 것이 너무나 아쉬웠던 나머지, 툴의 책상 서랍을 뒤져 거기에 있던 모든 것을 출간하였습니다.

계약 조건은?

요구하는 대로 다 주겠소!!!

덜컹!

단편소설은 물론이고 학창 시절의 작문까지도.

야호! 초등학교 1학년 때 쓴 그림일기다!!! ♪

이제 내용을 말씀해 주셔야죠… 바보들의 결탁!

좋은 방법이 있습니다!

책을 사서 보세요~

세 가지 반응

첫째는 시련에 맞서 싸우는 것이요,

둘째는 아무것도 하지 않는 것이며,

셋째는 도피하는 것입니다.

생물학자 앙리 라보리는 『도피 예찬』이라는 저서에서 말합니다.

인간이 어떤 시련에 마주쳤을 때 선택할 수 있는 길은 세 가지뿐입니다.

먼저, 시련에 맞서 싸우는 것으로 말하자면, 이는 가장 자연스럽고 정상적인 태도입니다.

싸우자!!!

이런 태도를 가진 사람의 몸은 정신 신체 의학적 손상을 입지 않습니다.

그가 받은 공격은 반격으로 바뀝니다.

흥미진진해지는데!

하지만 이런 태도에는 약간의 문제점이 있죠.

반복적인 공격의 악순환에 빠져드는 것이 바로 그것입니다.

복수가 복수를 낳고!

그 복수가 또 다른 복수를 낳고…

퍽!

퍽!

퍽!

공격적인 사람은 결국 자기를 때려눕힐 더 강한 상대를 만나게 마련입니다.

더 큰 시련

시작하지!

휴~

두 번째로 말한 아무것도 하지 않는 것이란
원한을 꾹꾹 눌러 참고 마치 공격을 받지 않은 것처럼
행동하는 것을 말합니다.

학자들은 이것을
'행동 억제'라고
부릅니다.

현대 사회에서 가장 잘 받아들여지고 가장 널리 퍼져 있는 태도죠.

이런 태도를 가진 사람은 적의 얼굴을
때리고 싶은 마음은 있지만,

에라이!!!
퍽!

구경거리가 되거나 상대의 반격을 받거나
공격의 악순환에 빠져들 위험성을 의식해서
자기의 분노를 삼켜 버립니다.

이게 보고서야? 어?!
보고서

이런 상황에서 궤양, 건선, 신경통,
류머티즘 같은 정신 신체 의학적
질병이 많이 나타납니다.

휴...
위장약

적에게 안기지 못한 주먹을 자기 자신에게
안기게 되는 것이죠.

내가
참는다.

가족을
위해서!

그러나
아들아!

너는
참지 말고
살거라.

세 번째 길은 도피하는 것인데, 이 도피에는 다음과 같이 여러 종류가 있습니다.

화학적 도피: 술, 담배, 마약, 강장제, 안정제, 수면제, 이런 것들은 외부로부터 받은 공격의 고통을 지워 버리거나 완화해 줍니다.

마셔!

건배!

잊어버리자!!!

마셔!

시끌벅적…

이런 것들을 이용해서 모든 걸 잊어버리거나

사노라면~ 언젠가는~ 밝은 날이도 ♪ 오오게엤지이

비틀비틀

미친 사람처럼 넋두리를 하거나 잠을 자고 나면, 시련이 지나갑니다.

커~

다음 날 아침…

아무것도 달라지지 않은 또 하루가 밝았도다…

뿅!

하지만, 이런 유형의 도피는 현실 감각을 약화시키기 때문에,

마셔!

건배!

늘 이런 식으로 도피하는 사람은

이 풍진 세상을 만났으니 너의 희망이 무엇이냐~ ♪ 부귀와 영화를 누렸으면 희망이 족할까~ ♪

비틀비틀

갈수록 현실 세계를 견딜 수 없게 됩니다.

뿅!

지리적 도피: 끊임없이 옮겨 다니는 것. 어떤 사람들은 직장, 친구, 연인, 생활 장소 등을 자주 바꿈으로써 자기 문제들을 이동시킵니다.

그런다고 문제가 해결되는 것은 아니지만, 문제가 놓인 환경이 달라지는 것만으로도 그들은 한결 산뜻한 기분을 느끼면서 활력을 얻게 됩니다.

예술적 도피: 자기의 분노와 고통을 영화나

음악,

소설, 그림, 조각 같은 예술 작품으로 변화시키는 것.

어떤 사람들은 현실 세계에서는 감히 주장하지 못하는 것을 상상 세계의 자기 주인공으로 하여금 대신 말하게 합니다.

그럼으로써 카타르시스 효과를 만들어 낼 수 있습니다.

구조의 수준

원자에든 분자에든 세포에든 그 나름의 구조가 있습니다.

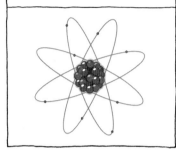

수준은 다르지만 동물도 지구도 태양계도 은하도 저마다의 구조를 가지고 있습니다.

하지만 이 모든 구조는 서로 독립되어 있지 않습니다.

원자는 분자에 영향을 미치고,

분자는 호르몬에 영향을 미치며,

호르몬은 동물의 행동에 영향을 미치고,

동물은 지구에 영향을 미칩니다.

기분이 우울해.

쾅!

세포는 당분을 필요로 하기 때문에 동물에게 사냥을 해서 양분을 섭취하라고 요구합니다.

이건 나의 의지가 아니라네. 내 안의 **세포**의 의지라네!

비겁한 변명이야! ㅠㅠ

먹을 것을 얻기 위해 사냥을 하다 보니 인간은 자기 영역을 확대하고 싶은 욕망을 느끼게 되었고, 그래서 마침내 로켓을 만들어 지구 밖으로 보내기에 이르렀습니다.

맛있는 것을 찾아서…

반대로 우주선에 갑자기 고장이 생기면
우주 비행사의 위장에 장애가 생길 것이고,

우주 비행사가 위궤양에
걸리게 되면 위벽을 이루고
있는 원자들 중의 일부에서는
전자가 핵에서 떨어져 나가
유리기(遊離基)가
생길 것입니다.

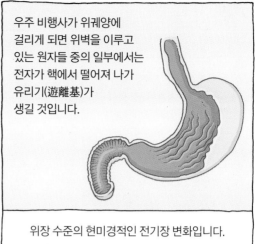

위장 수준의 현미경적인 전기장 변화입니다.

이렇게 줌 렌즈를 앞뒤로 움직여,
원자에서 우주로 범위를 확대해 보거나

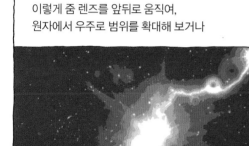

우주에서 원자로 범위를 축소해 보면, 동물의
죽음이란 과학적으로 아무 의미가 없습니다.

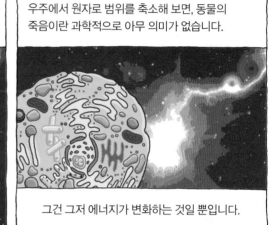

그건 그저 에너지가 변화하는 것일 뿐입니다.

동물을 달리게 하고 놀게 하고 번식하게 하던
에너지가 흙과 뒤섞인 퇴비의 형태로…

나무를 자라게 하고
열매를 맺게 합니다.

기쁨

그런데 많은 종교가 이 중요한 원칙을 잊고 있습니다.
대부분의 신전이나 사원은 어둡고 썰렁하죠.

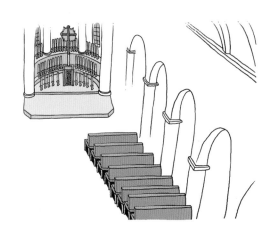

자기 내면을 기쁨으로
충만하게 만드는 것, 그것이
모든 인간의 의무입니다.

전례 음악들은 엄숙하고
비장합니다.

쾅~

사제들은 검은 옷을 입습니다.

제례 때는 순교자들의
수난을 기리고

잔혹한 장면들을 경쟁적으로
상기시킵니다.

마치 자기네 예언자들이
당한 고난이…

종교적 진정성의 증거라도
되는 양 말이죠.

만일 하느님이 존재한다면,
생의 환희야말로 하느님의
존재에 감사를 표시하는 가장
훌륭한 방법 아닐까요?

하느님이 어떻게 무뚝뚝하고 따분한 존재일 수 있단 말입니까?

아… 따분해!

하느님을 이렇게 가정하자면…

물론 경전과 종교 예식 중에는 주목할 만한 예외가 있긴 하죠.

일종의 철학서이자 종교서인 『도덕경』과 가스펠 송이 바로 그것입니다. 『도덕경』은…

道德经

자기 자신을 포함해서 세상의 모든 것을 조롱하기를 권하노라!

가스펠 송은 북미의 흑인들이 미사 때와 장례식 때에 즐겁게 장단을 맞추며 부르는 노래입니다.

기쁨으로 충만하세!!!

오빠!!!

형!!!

풋쳐핸접!!!
(PUT YOUR HANDS UP!!!)

삼촌!!!

하느님이 이러지 말란 법이 어디 있습니까?!

벗어나기

다음과 같이 배열된 아홉 개의 점을 펜을 떼지 않고
네 개의 직선으로 연결해 보십시오.

여기 수수께끼가
하나 있습니다.

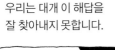

우리는 대개 이 해답을
잘 찾아내지 못합니다.

어떻게
하면
될까요?

사실은
저도 풀지
못했어요.

우리의 정신이 그림의 영역
안에 갇히기 때문입니다.

그러나 그림의 영역에서
벗어나면 안 된다는 지시는
어디에도 없습니다.

정답이 이 페이지에 보이면
재미없으므로…

김수박 씨는
퀴즈를 너무 좋아해!

정답은 '구조의 수준'(p.104) 편에서
우주를 여행하고 있답니다.^^

이 수수께끼가 우리에게 주는
교훈은 어떤 체제를 이해하기
위해서는 거기에서 벗어나야
한다는 것입니다.

탐구생활
재미있었잖아요.

사실은 이 문제가
초등학교 3학년 탐구생활에
나왔었거든요…

강낭콩 싹도
틔우고…

고무줄 기타도
만들어 보고!

이제 만화
만드실거죠?!

그대로 딱 한 번만
돌아갈 수 있다면 그애한테
좋아한다고 말할텐데…

평등

청바지는 사람들 사이의 평등을 위해 공산주의보다 더 많은 일을 했습니다.

부유한 사람이나 가난한 사람이나 똑같은 옷을 입게 함으로써, 사람들이 서로를 비슷한 존재로 생각하는 것에 익숙해지게 만들었습니다.

아! 내가 왜 이 생각을 못했을까?!

딱!

인민들에게 청바지를!

공산당 선언의 칼 마르크스

세계의 새로운 질서란 그렇게 보잘것없는 작은 아이디어들이 서로 더해짐으로써 만들어지는 것입니다.

정치 영역에서는 독창적인 아이디어의 순환이 갈수록 줄어들고 있음에 반해서,

좀 다른 방법을 생각해 보자!

議長

사적인 영역의 발의와 주도가 이따금 사회 관계를 진보시키고 있습니다.

설령…

그 발의와 주도가 상업적인 목적을 띠고 있다 할지라도 말입니다.

쟈~ 골라골라!

폭탄세일

칼 마르크스 청바지 한장에 9,900원

남대문 시장

우리 손주 사줄껴!!!

우와!

만국의 프롤레탈리아여, 단결하라!!!

좌뇌의 독재

풍자 만화 하나를 보여 준다면 어떻게 될까요?

만일 뇌의 두 반구를 분리시키고,
오른쪽 반구와 관계가 있는 왼쪽 눈에…

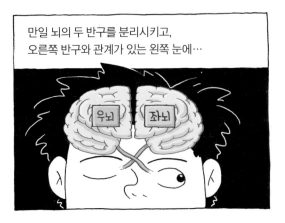

그러면, 왼쪽 반구와 관계가 있는
오른쪽 눈에는 아무것도
보이지 않는데도,

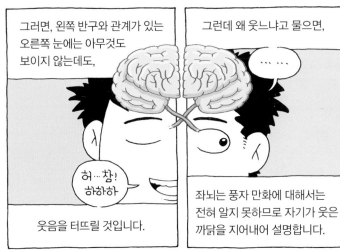

웃음을 터뜨릴 것입니다.

그런데 왜 웃느냐고 물으면,

좌뇌는 풍자 만화에 대해서는
전혀 알지 못하므로 자기가 웃은
까닭을 지어내어 설명합니다.

예컨대,

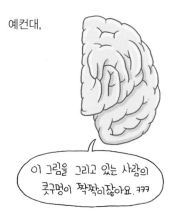

좌뇌는 공연히 웃는다든지
자기가 모르는 어떤 것 때문에
웃는다는 것을 받아들일 수 없기
때문에 웃음이라는 행동에 어떤
논리를 부여하려 합니다.

그런데 더욱 놀라운 것은, 왜 웃었느냐고
질문을 받고 나면, 뇌 전체가 짝짝이 콧구멍 때문에
웃었다고 확신하면서 왼쪽 눈에 제시했던 풍자
만화는 잊어버리게 된다는 것입니다.

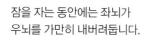
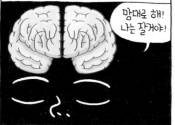

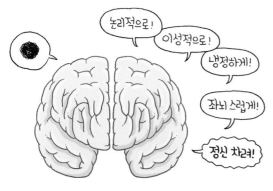

자유롭게 말하기 시작합니다.

주위 사람들은 그들이 주정을 부린다거나
환각에 빠졌다고 말하겠지만,

그 사람들은 그저 좌뇌의 독재로부터
잠시라도 벗어나려고 하는 것뿐입니다.

화학적인 도움을 전혀 받지 않고도, 우뇌의
'가공되지 않은' 정보를 직접 받는 것은
가능한 일입니다.

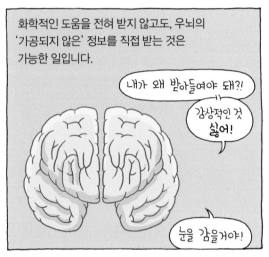

세계가 합리적으로 이해되지 않아도 된다는
사실을 받아들일 수만 있으면 됩니다.

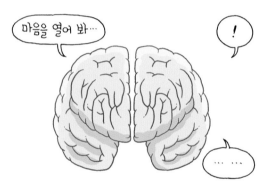

아까 풍자 만화의 예를 다시 들자면, 만일 우뇌가 자유롭게 스스로를 표현하는
것을 용인할 수만 있다면, 우리는 풍자 만화의 유머를 이해하게 될 것이고,
그럼으로써 진짜 신나게 웃을 수 있게 될 것입니다.

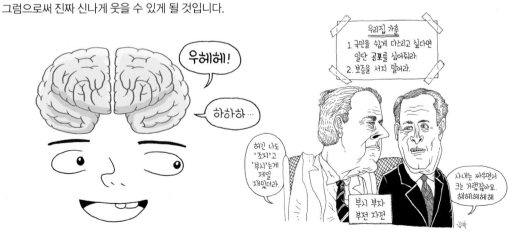

연어의 용기

그들은 자기들이 태어난 하천을 떠나 바다로 내려갑니다.

바다에 다다르면, 따뜻한 민물에 살던 그들은 차가운 짠물을 견디기 위하여 호흡 방식을 바꿉니다.

곧 바다다!

!

연어들은 나면서부터 자기들이 멀리 물길 여행을 떠났다가 돌아와야 한다는 것을 알고 있습니다.

그들은 왜…?

그리고 영양가 높은 먹이를 많이 먹으면서 살을 찌우고 힘을 비축합니다.

그러다가, 연어들은 마치 어떤 신비로운 부름에 응하기라도 하듯 돌아가기로 결정하죠.

♪나의 살던 고향은~♪ !!!

그들은 바다를 두루 돌아다니고 나서도 모천(母川)으로 통하는 강의 어귀를 다시 찾아냅니다.

그들은 바닷속에서 어떻게 돌아가는 길을 찾는 것일까요?

그것은 아무도 모릅니다!

파리릭…

113

아마도 대단히 민감한 후각을 이용하여 모천으로부터 흘러 온 분자를 바닷물에서 찾아내는 것이겠죠.

아니면, 지구 자기장을 이용해서 방향을 알아내는 것일 수도 있습니다.

그건 아닐 것 같은데요?

캐나다에서 강물이 너무 오염되면 연어들이 물길을 제대로 찾지 못한다는 사실이 확인되었거든요.

아는 것 많아서 좋겠네요!

연어들은 고향으로 돌아가는 물줄기를 다시 찾았다고 판단하면, 그것을 거슬러 상류로 올라가기 시작합니다.

이제부터 혹독한 시련의 길입니다.

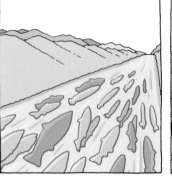

그들은 몇 주 동안 반대 방향으로 흐르는 거센 물살에 맞서 싸워야 하고,

폭포를 마주하면 뛰어올라야 하며,

연어는 3미터 높이까지 뛰어오를 수 있습니다.

곤들매기나 수달, 곰, 낚시꾼 같은 적들의 공격에 저항하여야 합니다.

인간이 맛있을까, 연어가 맛있을까?

그 과정에서 많은 연어들이 목숨을 잃습니다.

이따금 그들이 떠나온 뒤에 새로 댐이 건설되어 그들의 물길을 막아 버리기도 합니다.

좌ㅡ

......

연어의 상식으로썬... 저게 뭐죠?!

연어들의 대부분은 고향으로
돌아가는 도중에 죽습니다.

끝까지 살아 남아 마침내 모천에 다다른 연어들은
그 하천을 사랑의 호수로 바꿔 놓습니다.

그들은 여위고 지친 몸으로 산란터를 만들고
알을 낳습니다. 마지막 남은 힘은…

다 해어진 비늘로
땅을 파서 알을 낳는다.

알들을 지키는 데에 바칩니다.

그런 다음, 그 알들에서 기나긴 모험을
다시 시작할 새끼 연어들이 나오면
어미들은 죽어 버립니다.

드문 일이지만, 어떤 연어들은
힘을 다 쏟지 않고 남겨 두었다가
바다로 살아 돌아가 또 한차례 험난한
여행을 하기도 합니다.

엉엉엉 꺼이꺼이

잠깐!!!

당신은 **왜 또** 떠나시는 건가요?!

배는 항구에 정박해 있을 때가
가장 안전하지. 하지만 배는
항해하기 위해 태어났지.

나는 물고기야!

헤엄치는 물고기!

수학자 튜링

학교 성적이 좋지 않은
고독한 아이였던 그는,

유독 수학에 깊은 관심을 갖고
그것을 거의 형이상학적인
수준으로 끌고 갔습니다.

앨런 튜링은 아주
기구한 삶을 산
사람입니다.

1912년 런던
에서 태어났죠.

앨런 튜링

키 크고 잘생긴 남자만
좋아하냐… 여자들 싫어!

수학으로
한(恨)을
풀리라!

원래 어릴 때는
비주얼에 끌리는 법!

꺄~

스무 살에 그는 자기가 구상한 컴퓨터들을
스케치하였습니다. 그것들은 주로 컴퓨터를
사람처럼 나타낸 것들이었죠.

대학 첫 미팅

이게 뭐죠?
변신 로봇인가요?
유치해…

여자들
다 미워!
치…

제2차 세계 대전이 발발했을 때,
그는 자동 계산기 하나를 발명하여,

나치의 유보트에서
에니그마를
탈취했소!!!

나치가 '에니그마'라는 기계를 통해 암호화한
메시지들을 연합군이 해독할 수 있게 해주었습니다.

그의 발명 덕분에 연합군은 독일군의 폭격이
예상되는 장소를 알 수 있었고,

오늘 밤 독일의
루프트 바페가 런던을
폭격할 거라는데요?!

비상이다!!!

그럼으로써 많은 사람들이 목숨을 건졌습니다.

쾅! 콰콰쾅!!!

이 도시에는 사람들이 모두
대피해서 아무도 없음!!!

미국에서 존 폰 노이만이 생리적인 컴퓨터의 개념을 고안했을 때, 튜링은 '인공 지능'의 개념을 구상했습니다.

생리적인 컴퓨터

존 폰 노이만

인공 지능

키 크고 잘 생긴 사람에게 지지 않아!

1950년에 그는 훗날 중요한 참고 문헌이 될 논문 「기계는 생각할 수 있는가?」를 집필하였습니다.

기계는 생각할 수 있는가?

그는 기계에 인간의 정신을 부여하겠다는 엄청난 야망을 가지고 있었습니다.

나는 인간에게 상처를 많이 받았어!!!

특히 여자인간!

부르르…

튜링은 당시로서는 새로운 개념인 '사고의 성징(性徵)'을 컴퓨터에 도입하기도 하였습니다.

남성적인 정신과 여성적인 정신을 구별하는 데에 목적을 둔 테스트야.

남자 컴퓨터

여자 컴퓨터

그의 주장에 따르면,

여성적인 정신은 전략의 부재라는 특징을 지니고 있습니다.

짱나…

여자를 싫어하게 된 특별한 이유라도 있나?

난 무조건 여자가 좋아!

그의 여성 혐오는 그의 곁에 남자 친구들만 있게 했을 뿐만 아니라,

박사님! 우리도 여자 직원 뽑아요!

연구실 분위기가 삭막해서…

그를 망각의 늪에 빠뜨린 원인이 되기도 했죠.

새로운 직원이네!

잘 부탁합니다!

여자들이 연구하면 소는 누가 키우나?!

그는 인류의 미래와 관련하여 환상적인 꿈 하나를 품고 있었습니다.

즉 수정이 필요 없는 생식이 바로 그것입니다.

1951년에 그는 동성애 혐의로 한 법원에서 유죄 판결을 받았습니다.

그는 감옥과 화학적 거세 중에서 하나를 선택해야 했습니다. 그는 후자를 선택하여 여성 호르몬을 주입하는 요법을 받았습니다.

그 결과 그는 힘이 약해지고 가슴이 약간 나오게 되었습니다.

1954년 6월 7일에 튜링은 시안화물에 담갔다 꺼낸 사과를 먹고 스스로 목숨을 끊었습니다.

그렇게 죽겠다는 생각은 만화 영화 「백설공주」에서 나온 것으로 보입니다.

그가 남긴 메모입니다.

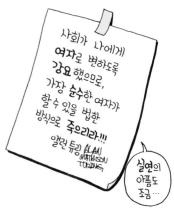

전기의 중요성

인생에서 중요한 건 무엇을 성취했느냐가 아니라 전기 작가들이 무엇을 어떻게 이야기하느냐입니다.

무언가가 불만인 듯한 표정…

아메리카 대륙의 발견이라는 역사적인 사건을 예로 들어 보죠.

크리스토퍼 콜럼버스

그것은 크리스토퍼 콜럼버스가 한 일이 아니라

아메리고 베스푸치가 한 일입니다.

아메리고 베스푸치

크리스토퍼 콜럼버스는 생시에 실패자로 간주되었습니다.

휴

사실은…

새로운 대륙에 닿을 목적으로 대양을 건넜지만 대륙을 발견하지 못했죠.

대륙인가?!

쿠바입니다. 꼬맹이단테!

물론 쿠바와 산토 도밍고와 카리브 해의 다른 섬들에 상륙하기는 했지만….

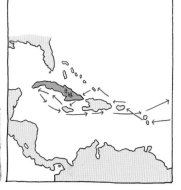

그가 앵무새와 토마토와 옥수수와 초콜릿을 가지고 에스파냐에 돌아올 때마다 여왕이 물었습니다.

그래… 인도는 발견했소? 냠냠…

발견했소?

곧 발견하게 될 겁니다!

여왕은 마침내 그에 대한 신뢰를 거두었고, 그는 공금 횡령 혐의로 기소되어 감옥에 갇혔습니다.

초콜릿은 잘 먹었소!

잘 먹었소!

저리 가!!!

저리 가…

푸닥!!!

그런데 왜 우리는 콜럼버스의 생애는 자세히 아는데, 베스푸치의 생애는 전혀 모르는 걸까요?

왜 학교에서는 아메리고 베스푸치가 아메리카 대륙을 발견했다고 가르치지 않을까요?

콜룸버스

베스푸치 아니에요?

나가서 손 들고 서 있어!

← 어린이 베르베르

그 이유는 간단합니다!

선생님의 꾸중이 억울했던 것임!

슝!!!

베스푸치에게는 전기 작가가 없었는데 콜럼버스에게는 한 사람의 전기 작가가 있었던 것입니다.

내가 그때 얼마나 고생을 했는지…

말로 다 설명을 할 수 있을까… 휴!

녹음기

콜럼버스의 전기작가

콜럼버스의 전기 작가란 바로 그의 아들입니다.

오늘은 여기까지 해요, 아버지!

삑~ 저장합니다.

그래… 내일 올 적에 엄마한테 순대 좀 싸달라고 그래라! 감방 동기들이랑 나눠 먹게!

바로 콜럼버스의 아들!!!

그 아들은 자기 아버지가 대륙을 발견하는 일에서 핵심적인 역할을 했으므로 마땅히 인정을 받아야 한다고 생각하고, 아버지의 삶에 관한 책을 쓰는 일에 매달렸습니다.

아부지!!!

흑! 흑!

내가 그때 얼마나 고생을…

미래의 세대들은 실제적인 위업을 무시합니다.

중요한 것은 그 위업을 이야기하는 전기 작가의 재능이죠.

아메리고 베스푸치에게는 아마 아들이 없었을 것입니다.

> 아빠의 업적을 글로 남겨 볼 생각 없니?

> 글쎄, 콜롬버스 아들이 많다…

> 저는 제 인생이 있다구요! 저는 **사업**이 적성에 맞아요! 사업 밑천 좀…

> 읊다!!!

있었다 하더라도 그 아들은 아버지의 위업을 영원히 후세에 전하는 일에 관심이 없었을 것입니다.

> 그 밖의 많은 사건들이 그것들을 역사적인 것으로 만들고자 했던 한 사람 또는 여러 사람의 의지에 의해 살아남았습니다.

플라톤이 없었다면 누가 소크라테스를 알겠으며,

플라톤 / 소크라테스

사도들이 없었다면 우리가 어떻게 예수의 생애를 제대로 알았을까요?

> 내가 말이야…

> 막 강물 위를 막막 걸었는데…

또 미슐레가 프랑스인들에게 침입자들을 몰아낼 의지를 고취시키기 위해,

> 프로이센에 **대항**합시다!!!

미슐레

> 미슐레 : **잔다르크**를 소개합니다!!!!!

> 신의 이름으로 **돌격!!!**

> 돌격 앞으로!!!

잔다르크를 재발굴하지 않았다면 오늘날 누가 그녀를 기억하겠으며,

루이 14세가 정통성을 확보하기 위해 앙리 4세를 널리 알리지 않았다면,

앙리 4세 / 루이 14세

누가 그를 기리겠습니까?

현세의 위인들에게 이르나니, 그대들이 무엇을 성취하는가는 그리 중요하지 않습니다.

그대들이 역사에 길이 남는 유일한 방법은 좋은 전기 작가를 찾아내는 것입니다.

부부

사람들은
자기들이 누구인지도 모르면서
성급하게 부부가 되려고 합니다.

그들의 미래?

서로를
보느라
바빠서
…

대개는 고독에 대한 두려움이 사람들로
하여금 짝을 짓도록 부추깁니다.

외로워 …

결혼해도
외로워,
이 사람아!

스물다섯 살에서
서른 살 사이에
결혼하는 남녀는

아직 처음 몇 층밖에
지어지지 않은 고층
빌딩들과 같습니다.

그들은 두 건물 사이에 다리가 놓일 거라고 생각하며
함께 나머지 층을 건설하기로 결심합니다.

그들이 성공할 가능성은
그리 많지 않습니다. 오늘날
이혼이 그토록 많다는
것이 그걸 말해 줍니다.

우리…
마음의
다리는?

당신의 마음으로
건너갈 수
없어!

미지의 것에 과감하게 투자를 하고 있는 거죠.

일단 열심히
앞으로 가보자!

땅!
땅!

응—

GO!
GO!

미래가
결정해
줄거야…

사람은 한 단계 더 성숙하고 의식이 새롭게 발전될
때마다 다른 파트너가 필요하다고 생각합니다.

두 남녀가 하나의 커플을 이루려면, 둘이 아니라 넷이
되어야 합니다. 저마다 자기 안에서 '또 다른 자아'를
찾아내야 하기 때문이죠.

남자는 자기 안의 여성성을 받아들여야 하고,

여자는 자기 안의 남성성을 받아들여야 합니다.

그렇게 완전해진 두 남녀는 자기에게 없는 것을
더 이상 상대방에게서 구하려 하지 않습니다.

그들은 이미 자기들 안에서 이상적인 여자나
이상적인 남자를 찾아냈기 때문에,

어떤 이상형에 대한 환상을 품지 않고
서로 자유롭게 결합할 수 있습니다.

7년 주기의 순환

인생은 7년 주기로 변화합니다.

각 주기는 하나의 위기로 끝나 더 높은 단계로 넘어갑니다.

0세에서 7세까지: 어머니와 강하게 결합.

세계에 대한 수평적 이해. 감각 형성. 어머니 냄새, 모유, 어머니의 목소리, 어머니의 온기,

어머니의 입맞춤이 중요한 준거가 됩니다. 이 시기는 일반적으로 모성애라는 고치의 균열과

나머지 세계에 대한 주눅든 발견으로 끝납니다.

7세에서 14세까지: 아버지와 강하게 결합.

세계에 대한 수직적 이해. 인격 형성. 이 시기에는 아버지가 새로운 파트너가 되어

가정이라는 고치 밖에 있는 세계를 발견하도록 도와줍니다.

아버지는 새로운 준거로, 존경의 대상이 됩니다.

14세에서 21세까지: 사회에 대한 반항.

물질에 대한 이해. 지력 형성. 사춘기의 위기.

이 시기에 젊은이들은 세상을 변화시키고
기존 질서를 파괴하고 싶어합니다.

그들은 반항적인 모든 것, 이를테면 격렬한 음악,
낭만적인 태도, 독립에 대한 욕구,

소외된 청소년 집단과의 결합, 아나키스트적 가치의
수용, 낡은 가치에 대한 철저한 경멸 등에 이끌립니다.

이 시기는 가정이란 고치로부터 벗어나며 끝납니다.

21세에서 28세까지: 사회에 편입. 안정화.

세계 파괴까지는 못 간 젊은이들은 앞선 세대보다
잘해 보겠다는 의지를 가지고 세계에 통합됩니다.

그들은 부모의 직업보다 더 좋은 직업을 찾고,
부모의 삶보다 더 나은 삶을 추구하며,

부모보다 더 행복한 커플을 이루고자 합니다.

이 시기에 대부분의 사람들은 하나의 파트너를 골라
가정을 꾸립니다. 자기 자신의 고치를 짓는 거죠.

이 시기는 대개 결혼으로 끝이 납니다.

무기

사랑을 검으로 삼고,

헐렝이는
의외로
사랑이
많은 남자

유머를 방패로 삼으라.

이쁜이는
생각보다
인간적인
여자

실재

실재란, 우리가 더 이상 그것이 존재한다고 믿지 않아도 계속해서 존재하는 어떤 것입니다.

미국의 작가 필립 K. 딕

인간의 모든 선입견을 초월하고

내가 바로 인어왕자다!!!

바둥바둥

도그마를 초월하고

I LOVE YOU SO MUCH, BABY!

미신과 기계적인 해석을 초월하는

FRIDAY THE 13TH

수능 대박 기원!!!

객관적인 실재가 있을 것임에 틀림없습니다.

그런 실재에 다가가려고 노력하는 것은 즐거운 일이죠.

쥐의 똥구멍을 꿰맨 여공

흔히 쓰는 방법대로 고양이들을 풀어놓는다는 것은…

19세기 말, 프랑스 브르타뉴 지방의 정어리 통조림 공장에는 쥐들이 우글거렸습니다.

깩!

깩!

이런 방법은 어떨까요?

그러나 그 쥐들을 없앨 방도를 아는 사람은 없었죠.

고…

말도 안 되는 소리 하지 마슈!!!

벌떡

쥐들이 너무 무서운, 아니 징그러운 여공들

고양이들은 요리조리 달아나는 쥐들을 잡으려 하기보다는 차라리 제자리에서 꼼짝 않고 있는

또…

정어리들을 먹어 치울 것이 뻔하기 때문입니다.

그러던 참에, 어떤 사람이 살아 있는 쥐의 똥구멍을 굵은 말총으로 꿰매어 버리는 방안을 생각해 냈습니다.

쥐의 똥구멍을 꿰매어 버리는 방안과 그에 따른 환경개선과 생산성 향상에 관한 연구

작업반장 배×× 탁!

저의 생각은 말입니다…

그래… 프리젠테이션 해 보게!

맛있다.

아는 것 많아서 좋겠네!

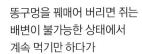

똥구멍을 꿰매어 버리면 쥐는 배변이 불가능한 상태에서 계속 먹기만 하다가

속이 더부룩해.

일단 먹자!

결국엔 고통과 분노 때문에 미치게 됩니다.

이게 며칠째냐?

변비엔 다시마…

일단 먹자!

그러면 그 쥐는 작은 야수와도 같은 무시무시한 존재로 변하여

일단 먹자…

다른 쥐들을 물어뜯고 쫓아낼 것이라는 거였죠.

생각은 그럴듯했으나…

그때 한 여공이 그 일을 하겠다고 나섰습니다.

그 대가로 그녀는 사장의 신임을 얻어 봉급이 인상되고 반장으로 승진하였습니다.

그러나 그 통조림 공장의 다른 여공들은 그녀를 의리 없는 배신자로 여겼습니다.

그들 중에서 단 한 사람이라도 쥐의 똥구멍을 꿰매겠다고 나서는 한, 그 혐오스러운 일은 계속 되풀이될 것이기 때문이었죠.

타고난 어리석음

프랑수아즈 지루가 언젠가 이렇게 말했습니다.

우리가 정치 분야에서 남자와 여자를 동등한 존재로 여길 수 있으려면,

능력 없는 여성 장관들이 등용되는 날이 와야 할 것입니다.

> 능력 없는 남성장관에 대한 꼬집음?

나는 행복하다
프랑수아즈 지루

그 어법을 빌어서 말하자면,

우리가 인간과 컴퓨터를 지능에 있어서 동등한 존재로 여길 수 있으려면,

어리석은 짓을 저지르는 컴퓨터들이 출현하는 날이 와야 할 것입니다.

인간의 어리석음이 타고난 어리석음이라면,

> 1시간만 자기로 했는데…
> 8시간 잤네!
> 벌떡!
> 해가 떴구나!
> 오늘이 기말고사인데.

인공 지능을 가진 컴퓨터가 저지르는 그런 잘못은

> 바이러스는 제 책임이 아닙니다…

인공의 어리석음

'인공의 어리석음'이라 부를 수 있겠죠.

여기에서 잘못이라 함은 버그나 바이러스를 말하는 것이 아닙니다.

인간과 컴퓨터가 대등해지기 위해서 우리의 정보 공학 천재들이 발명해야 할 것은

> 짜잔
> 어리석은 컴퓨터 출시!!!

일종의 서투름이나 인간의 무심함에 가까운 컴퓨터의 무심함입니다.

그렇게 되면 컴퓨터들은 좀 더 따뜻하고 '인간적인' 기계가 될 것이고,

> 혁!
> 쇼핑몰 검색 좀 그만해라. 지루하단 말야!
> 그…그래?! 연예인 소식 좀 볼까? ㅈㅗㅣㄴㅅㅓ
> 타닥타닥

우리는 우리와 더욱 비슷해진 그 기계들을 작업의 파트너로 더욱 흔쾌히 받아들이게 될 것입니다.

컴퓨터들은 더 이상 차갑고 효율적이기만 하지는 않을 것이고, 그 나름의 어수룩하고 무능한 구석을 지니게 될 것입니다.

혁!!!

너나 잘 하세요.

그 무능함은 '물리적'인 오류에 기인한 것이 아니라,

관심 받고 싶어... 으앙~

어?! 계셨어요? 제가 잠시 딴 생각 하느라...

'무관심'이나

그렇게 게임을 해도 실력이 안 느냐? 관둬라!

'무분별' 때문에 생기는 것입니다.

인공의 어리석음은 새롭고 불분명한 개념이기 때문에 인공 지능보다 발명하기가 훨씬 더 어렵습니다.

하지만 나는 정보 공학의 세계를 위해 이렇게 새로운 지평을 제시하게 되어 기쁩니다.

혁!!!

저 정말 기쁠까?

나중에 누군가가 정말로 우리의 컴퓨터들을 위해 신경증이나 의심, 강박 관념 등을 발명해서...

짜잔

나 지금 기분이 우울하거든요!!! 혼자 놔두세요 제발!

출시!!! 신경증 노트북!!!

컴퓨터를 한결 더 친근하게 만들게 될지 누가 알까요?

만일 그런 날이 온다면, 컴퓨터 심리 치료사, 프로그램 재활 교육가와 같은 새로운 직업들도 생겨나겠죠.

가끔은 이유 없이 눈물이 나와요...

울고 싶을 때는 마음껏 우세요... 풀릴 때 까지!

으왕!!!

사람들이 컴퓨터를 완벽하게 만드는 것만을 능사로 아는 한,

우리가 진정으로 컴퓨터를 사랑할 수는 없을 것입니다.

정말?!

탁!

그 말 진심이야?!

3자 결투

결투의 공정성을 높이기 위해 사격 실력이
약한 사람부터 먼저 쏘기로 합니다.

갑, 을, 병 세 사람이 결투를 합니다. 각자의
총에는 탄알이 한 개씩만 들어 있습니다.

병은 특급 사수라서 백발백중으로
과녁을 맞힙니다.

뻥!!!

을은 두 번에 한 번 꼴로
과녁을 맞힙니다.

탕! 탕!

갑은 셋 중에서 가장 사격 솜씨가
떨어져서 세 번에 한 번 꼴로
맞힙니다.

이~야!
땅! 땅! 땅!

딱!

맨 먼저 쏘게 되는 갑은 자기가
살아남을 확률을 최대화하기 위해서
어떻게 해야 할까요?

정말 어떻게
해야
할까요?

걱정
스러워서
…

확률 계산을
해 보니…

답은
허공에 대고 쏘는
것입니다!

엥?! 그 이유가
무엇이죠?

만일 갑이 을을 쏘아서
그를 죽인다면…

그다음은 병이 쏠 차례가 되고,

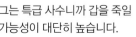

그는 특급 사수니까 갑을 죽일
가능성이 대단히 높습니다.

만일 갑이 을을 쏘아서
맞히지 못한다면,

차례가 을에게 넘어가면서
출발점과 다소 비슷한 상황으로
돌아가게 됩니다.

만일 갑이 병을 쏜다면…

그는 병을 쓰러뜨릴 수도 있고
쓰러뜨리지 못할 수도 있습니다.

차례는 을에게 넘어가는데

만일 앞서 갑이 병을 죽였다면,
을은 갑을 쏠 것입니다.

이 경우 갑이 죽을 확률은
2분의 1입니다.

만일 앞서 갑이 병을
죽이지 못했다면,

다시 출발점과 비슷한 상황이 되죠.

보았다시피,
갑이 을이나 병을 쏘아
맞히려고 하면,

쏘고 난 뒤에 죽음을
당할 가능성이
높아지는군요.

그런데 만일
갑이 허공에 대고
총을 쏜다면,

다음 차례인 을은 병을 겨냥할 것입니다.

딸깍!

병이 더 위험하기 때문입니다.

을이 병을 맞히면 다시 결투를 벌여야 하는 상황이 되지만,

경쟁자가 하나 줄었다는 점이 처음과 다릅니다.

을이 병을 맞히지 못하면 어떻게 될까요?

......

병은 더 위험한 을을 쏘아서 죽일 것입니다.

빵!

특급사수에 백발백중!

역시 경쟁자가 하나 줄고 다시 결투를 하게 됩니다.

요컨대, 이런 3자 결투의 상황에서는 허공에 대고 총을 쏘는 것이

땅!

앗! 쏘고 말았네?!

첫 판에서 갑을 살아 남게 할 것이고,

이상한 놈?!

처음의 3자 대결 구도를 변화시켜

관리하기가 더 쉬운 두 사람의 결투로 만들어 줄 것입니다.

탕!

빵!

애도의 중요성

오늘날에는 상례(喪禮)가 사라져 가는 경향이 있습니다. 가족 중의 누가 세상을 떠난 경우에도…

사람들은 장례식이 끝나기가 무섭게 서둘러 평소의 활동을 다시 시작합니다.

휴… 내일 또 출근해야지.

산 사람은 살아야지.

소중한 존재가 사라지는 일이 갈수록 덜 심각한 사건이 되어 갑니다.

검은색은 전형적인 상복의 색깔이라는 특권을 상실했습니다.

謹 弔

디자이너들은 검은색이 사람을 날씬해 보이게 하고 세련된 느낌을 준다는 이유로 개나 소나 시도 때도 없이 검은색 옷을 입게 만들었습니다.

하지만 어떤 시기의 종말이나 어떤 존재의 소멸을 애도하는 것은 사람들의 심리적인 안정에 대단히 중요한 역할을 합니다.

이른바 원시 사회라 불리는 사회에서만은 여전히 애도의 중요성이 강조되고 있습니다.

예컨대 마다가스카르에서는 사람이 죽으면 온 마을이 활동을 중단하고 장례식을 두 차례 치릅니다. 첫 번째 장례식 때에는 모두가 슬퍼하며 묵상하는 가운데 시신을 땅에 묻습니다.

그런 다음, 시간이 좀 지난 뒤에 두 번째 장례식을 치르면서 대대적인 축제를 벌입니다.

비단 사람이 죽었을 때뿐 아니라, 어떤 직장이나 삶의 터전을 떠날 때처럼 '종결의 사건'이 있는 경우에도 애도는 필요합니다.

짝 짝 짝…

이런 경우의 애도를 형식적인 절차라고 쓸데없는 것으로 여기지만,

정든 직장…

하지만 미련은 없네…

결코 쓸데없는 짓이 아닙니다.

인생이라는 여정의 단계를 표시하는 일은 중요하죠.

그동안 수고하셨어요!!!

♫ 오랫동안 사귀었던 정든 내 친구여… ♪

핑!

우리는 저마다 나름의 애도 의식을 만들어 낼 수 있습니다.

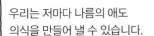

꼭 한번 이렇게 해보고 싶었어.

멋져요! 헐렁이 선배!

기르고 있던 콧수염을 밀어 버리거나 머리 모양을 바꾸거나

복장의 유형을 바꾸는 것과 같은 가장 간단한 것에서부터,

와~ 이쁜이 치마도 잘 어울려!

그런데 다른 사람 같애!

걸판지게 잔치를 벌이거나 고주망태가 되도록 술을 퍼마시거나

인생은 고통이야!

…

↑ 김수박이 심심찮게 사용하는 애도 의식!

낙하산을 타고 뛰어내리는 것과 같은 다소 격렬한 것에 이르기까지

아주 다양한 의식이 있을 수 있죠.

애도가 제대로 이루어지지 않으면, 마치 잡초의 뿌리를 제대로 뽑아 내지 않은 것처럼 사건의 후유증이 오래갑니다.

학교에서도 애도의 중요성을 가르칠 필요가 있습니다. 나중에 몇 년씩 고통을 겪는 일이 생기지 않게…

기분이 새로워 지는군요!

열린 공간

길을 열어 주더라도 온갖 종류의 체를 거쳐 가게
함으로써 그들의 참신한 맛을 다 없애 버린 뒤에야
두각을 나타낼 수 있도록
허용하기 때문입니다.

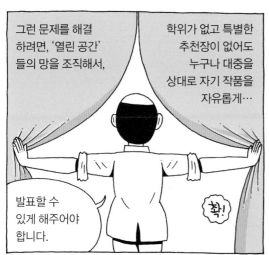

참가자들이 꼭 지켜야 할
사항이 있다면,

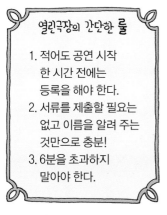

그런 형태의 극장이 경제적인 어려움을 극복하고 존속할 수 있기 위해서는 관객들이 정상적인 가격으로 입장권을 사주어야죠.

매표소

기꺼이!

더치 페이입니다.

두 시간 동안 아주 다양한 공연을 구경할 수 있다는 것을 알면, 관객들은 기꺼이 돈을 낼 것입니다.

관객들의 흥미를 지속시킬 수 있도록 확실한 프로페셔널들이 일정한 간격으로 나와서 지원자들을 도와줄 필요가 있습니다.

다음 공연은... 김수박 차력쇼우!!!

프로페셔널

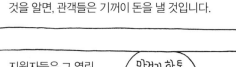

지원자들은 그 열린 극장을 도약의 발판으로 삼을 것이고,

막걸리 한 통 입 안 떼고 다 마시기!

뭐지?!

최고!

저것이 과연 인류에게 생산적인가?

꿀럭 꿀럭...

삶이 따분한가?...

이 연극의 후속 편을 보고 싶으신 분은 모일 모시에 모처로 오십시오~!

어~ 취한다!

다음 공연 보러가요!

...라고 예고하는 사람들도 생겨나겠죠.

나도 배워 볼까?

97

그런 유형의 열린 공간은 다음과 같이 다양한 방식으로 나타날 수 있을 것입니다.

열린 영화관

열린 음악회장

열린 화랑

신인 감독들의 10분짜리 단편 영화 상영

새내기 가수, 연주자들을 위한 무대

아직 알려지지 않은 화가와 조각가들에게 각각 2제곱미터의 전시 공간 제공

그런 자유 발표 제도는 건축가나 작가, 컴퓨터 프로그래머, 광고 제작자 등에까지 확대해서 적용될 수 있을 것입니다.

전문가들은 신인들을 체로 쳐서 골라내려는 기존의 대행업체를 통하지 않고도…

채플린은 THE KID 의 꼬마 주인공 재키 쿠건을 이러한 무대에서 찾아냈다.

그런 장소에 직접 나가서 새로운 인재들을 모집할 수 있게 될 것입니다.

남녀노소를 막론하고 잘난 사람이든 못난 사람이든 돈이 있든 없든 내국인이든 외국인이든 상관없이 모두가 똑같은 기회를 갖게 될 것이고,

오직 재능과 작품의 독창성이라는 객관적인 기준에 따라서만 평가받게 될 것입니다.

나비

나치의 수용소에서 살아남은 유대인 소년들을 보살피는 일로 부름을 받았습니다.

2차 세계 대전이 끝났을 때, 엘리자베스 퀴블러로스 박사는…

엘리자베스 퀴블러로스

아직 수용소 막사에 누워 있던 아이들을 보러 들어갔다가, 박사는 나무 침대에 새겨진 어떤 그림을 보게 되었죠.

나중에 다른 수용소들을 돌아다니면서도 박사는 똑같은 그림을 다시 보았습니다.

아이들의 그림에는 단 하나의 모티프가 있었습니다.

그건 바로 나비였습니다.

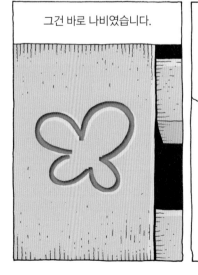

저는 처음에 그것이 매맞고 굶주리던 아이들끼리 일종의 형제애를 표현한 것이라고 생각했습니다.

옛날 초기 기독교 신자들이…

물고기를 공동체적 결속의 상징으로 삼았듯이 말이죠.

박사는 여러 아이들에게 그 나비들이 무엇을 뜻하느냐고 물어 보았습니다. 아이들은 대답을 거부하였습니다.

그러다가, 마침내 한 아이가 그 의미를 밝혀 주었습니다.

그 나비들은 우리와 같아요.

우리는 모두…

이 고통받는 육신이 하나의 매개체일 뿐이라는 것을 잘 알고 있어요.

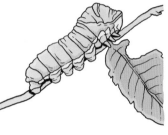

지금의 우리는 애벌레와 같아요.

나비를 그리면서 우리는 서로에게 이렇게 일깨우곤 했어요.

우리는 나비다…

우리는 곧 날아오를 것이라고 말이에요.

쥐들의 왕의 죽음

라투스 노르베기쿠스라는 학명을 가진 시궁쥐의 어떤 종들은 자기들의 왕을 선출하는 독특한 제도를 가지고 있습니다.

왕의 선출은 이렇게 이루어집니다. 하루 낮 동안 젊은 수컷들이 모두 모여서…

사람 살려!!!

이건 정말 너무해!!!

칭! 챙! 창! 꽥!

날카로운 앞니를 가지고 서로 결투를 벌입니다.

약한 자들은 차례차례 떨어져 나가고, 종당에는 결승전을 치를 두 마리 수컷만 남게 됩니다.

그 둘 중에서 승리하는 자가 왕으로 선출됩니다. 승리한 그 쥐가 명백히 그 무리에서 가장 훌륭한 쥐로 인정을 받는 것이죠.

Fight!!!

그 수컷들은 무리 중에서 가장 민첩하고 전투에 능한 자들입니다.

쥐들은 그 쥐 앞에 나아가 복종의 뜻으로 머리를 숙이고 귀를 뒤로 젖히거나 꽁무니를 보여 줍니다.

신하가 된 쥐들은 왕이 먹이와 암컷들을 차지하게 해주고 승리를 마음껏 향유할 수 있는 가장 깊숙한 구멍을 마련해 줍니다.

왕이 된 쥐는 그들의 주둥이를 깨뭅니다.

지배자로서 그들의 복종을 받아들인다는 뜻입니다.

꽥!!!

오늘은 그만 쉬고 싶구나…

그런데 왕이 쾌락에 지쳐 잠이 들면 곧바로 아주 기이한 의식이 행해집니다.

왕에게 충성을 맹세했던 젊은 수컷들 가운데 두세 마리가 왕을 죽이고 내장을 꺼냅니다.

뽀각!

그런 다음, 그 쥐들은 이빨로 호두를 까듯이 다리와 발톱을 사용해서 왕의 머리통을 쪼갭니다.

그러고는 머릿골을 꺼내 그 무리의 모든 구성원들에게 조금씩 나눠줍니다.

그 쥐들은 어쩌면 그 머릿골을 먹음으로써 자기들이 왕으로 삼았던 가장 훌륭한 쥐의 특질을 모두가 조금씩 나눠 가지게 되리라고 믿고 있는지도 모릅니다.

우와~!

싫어!!!

나는 사실 궁금한데…

사람들에게도 그와 비슷한 일이 일어납니다.

우리는 지도자 복이 없는건가?

사람들은 왕을 뽑는 일을 좋아하며,

그 왕을 능지처참하면서 더 많은 기쁨을 얻습니다.

나라꼴이 어찌 될는지…

이 모든 게 ○○○ 때문이야!

그러니 누가 당신에게 왕관을 바치거든 그 저의를 의심하세요.

어쩌면 '쥐들의 왕'이 되라는 왕관일지도 모르니까요.

어떤 종교 해석

멕시코 남동부,
유카탄 반도에 있는 치쿠막
이라는 인디언 마을에서는

주민들이 종교 의식을
이상한 방식으로
거행하고 있습니다.

그 주민들은 16세기에 에스파냐
사람들 때문에 강제로
가톨릭 신자가 되었습니다.

굳이 **강제**하는 건
아니에요.

그런데 초기의 선교사들이 죽고 나서,
다른 세계와 동떨어져 있던 그 지역에는
새로운 사제들이 오지 않았습니다.

아직 다 배우지
못했는데…

그럼에도 3세기에 가까운 긴 세월 동안 치쿠막의
주민들은 가톨릭 전례를 유지하였습니다.

♪내게 강 같은 평화 넘치네~♫

♪할렐루야!♫

노래로 배우니까
외우기 쉬워요!

그들은 읽고 쓸 줄을 몰랐기 때문에 기도문과
미사 경문을 구두로 전승하였습니다.

사파타 혁명 이후 권력이 다시 안정되었을 때,
멕시코 정부는 행정을 강화하기 위해서
전국 곳곳에 관리들을 파견하였습니다.

일단 인구 주택 총조사를
실시합시다!

직접
방문하시오!

그리하여 치쿠막에도 1925년에 관리가
하나 파견되었습니다. 그 관리는 주민들이
거행하는 미사에 참석했다가

이번 주말에
교회 꼭 나오실거죠?

아…
네!

주민들이 구전에 의해서 라틴어 성가를
거의 완벽하게 보존해 냈음을 깨달았습니다.

그러나 세월은 작은 일탈도
가져왔습니다.

사제와 복사(服事)를 대체하기 위해서 치쿠막의
주민들은 원숭이 세 마리를 잡아다가 앉혀 놓았고,
그 전통은 시대를 넘어 계승되었습니다.

그리하여 그 주민들은
미사를 올릴 때마다
원숭이 세 마리에게
경배를 바치는 유일한
가톨릭 신자들이
되어 있었습니다.

물결처럼

여자의 기분이 저조해지면,
함께 있는 남자는 당황하면서

여자들의 마음은 파상적(波狀的)으로 움직입니다.

갑자기…

우울해.

그녀들의 기분은 잘 변합니다.

아~ 어찌한단 말인가?!!!

벌떡!

어떻게든 빨리 문제를 해결해

그 누가, 그 무엇이 깡순이를 슬프게 한단 말인가?!

슉!

여자의 기분이 더 저조해지는 것을 막으려고 합니다.

그런 남자들은 여자들이 맨 밑바닥까지 내려갔다가 바닥을 차고 다시 올라오는 것을 방해하고 있는 셈입니다.

멋있고, 도 고마워.

하지만…

그럼으로써, 여자들은 다시 올라오기 위한 발판을 얻지 못한 채 계속해서 심연 속을 오르락내리락하게 됩니다.

사실 여자가 불평을 할 때는, 남자보고 자기가 추락하지 않도록 도와달라는 것이 아닙니다.

모든 게 … 허무해.

그저 자기 말을 들어 달라고 요구하고 있을 뿐입니다.

여자는 자기가 내려갔다가 바닥을 디디고 다시 올라오는 그 경험의 증인을 원합니다.

하지만 남자들은 너무나 성급하게 굽니다.

인생은 원래 허무해…

하지만 내가 있잖아. **멋쟁이**가 있잖아!

그들은 자기들이 아주 강하기 때문에 여자들이 겪는 그런 현상을 중단시킬 수 있다는 것을 입증하고 싶어 합니다.

아… 그대가 나를 믿어 주기만 한다면,

나는 하늘을 날 수도…

저 호수를 몽땅 마셔 버릴 수도 있을텐데!

하지만 사람이 어찌 밀려드는 물결을 막을 수 있으리요!

좌ー

여자의 자유 낙하를 막는 것은 진정한 재상승을 가로막는 것입니다.

그건 우리가 열이 날 때 약을 먹는 것과 조금 비슷합니다.

약은 한편으로는 발열이 그치게 하지만, 다른 한편으로는 몸이 세균을 태워 죽일 만큼 뜨거워지는 것을 방해합니다.

하강과 발열을 두려워하면 안 됩니다.

대개의 경우 내려갔던 것은 다시 올라오고, 뜨거워진 것은 다시 차가워지게 마련입니다.

우리가 걱정해야 할 것은 오히려 아무리 아파도 열이 나지 않는 몸, 그리고 기분이 언제나 한결같은 여자입니다.

빠에췌이~!!!

그냥… 같이 걸을까?

장거리 경주

그레이하운드와 사람이 장거리 경주를 하면
언제나 개가 먼저 들어옵니다.

몸무게에 비례해서 생각해 보면 그레이하운드의
근력은 사람보다 나을 게 없습니다.

따라서 이론적으로는 그레이하운드와 사람이
똑같은 속도로 달려야 마땅할 것입니다.

그러나 경주에서 이기는 쪽은 언제나 그레이하운드죠.
그 까닭은 무엇일까요?

탕!

사람은 달리면서 줄곧 결승선이
얼마나 남았는지를 헤아립니다.

그는 도달해야 할 목표를 염두에 두고 달립니다.

그에 반해서 그레이하운드는
아무 생각 없이 그냥 달립니다.

목표를 가늠하느라고,

또 목표가 얼마나 남았느냐에 따라 의욕이
부침하는 과정에서,

사람은 엄청난 에너지를 낭비합니다.

장거리 경주에서는 도달해야 할 목표를 생각하지 말고
오로지 앞으로 나아갈 생각만 해야 합니다.

자꾸자꾸 나아가면서 그때그때에 맞게
행로를 수정하면 됩니다.

그렇게 나아가다 보면, 자기도 모르는 사이에
목표에 도달하게 되고, 경우에 따라서는…

목표의 초과 달성도 가능해지는 것입니다.

차원의 문제

사물이 존재하는 방식은
우리가 그것을 어떤 차원에서
지각하느냐에 따라 달라집니다.

폴란드 출신의 프랑스 수학자 브누아 망델브로는 우리가 보고 있는
것은 우리를 둘러싸고 있는 세계의 분할된 모습일 뿐이라는 사실을
입증하였습니다.

차원 분열 도형의 경이로운 이미지를 발견한 사람이기도 하죠.

예컨대, 어떤 꽃양배추의 너비를
측정하는 경우를 생각해 봅시다.

보통 하는 것처럼 자를 가지고 지름을 측정하면
30센티미터라는 수치를 얻게 됩니다.

그런데, 만일 그 꽃양배추 안에 들어 있는
둥근 봉오리의 선을 따라가면서 길이를 잰다면
그 값은 열 배가 될 것입니다.

매끈매끈한 탁자의 너비를 측정하는 경우도
마찬가지입니다. 탁자를 육안으로 볼 때는
매끈매끈하지만 현미경으로 보면 그 표면에
무수한 기복이 있음을 볼 수 있습니다.

기복을 일일이 따라가며 측정한다면,
탁자의 너비는 무한히 증대할 것입니다.

결국 탁자의 크기는 탁자를
어떤 차원에서 보느냐에 따라 달라집니다.

브누아 망델브로의 발견은 우리에게
중요한 사실을 일깨웁니다.

따라서 오늘날의 정직한 사람이 취해야 할 올바른
태도는 어떤 지식에든 부정확한 부분이 많이
포함되어 있다는 점을 받아들이는 것입니다.

절대적인
입장에서 보면
어떤 과학 정보도
정확하다고
말할 수 없습니다.

순수를 바라보는
내 마음은 뭘까?

네 마음을 왜
남에게 물어보니?

이쁜아… **사랑**은
어떤거냐?!

와—
하하하…

그걸 내가
어떻게 아니?!

그 부정확한 부분은 다음 세대에 의해
어느 정도 줄어들기는 하겠지만 결코
완전히 없어지지는 않을 것입니다.

월!

사랑은 찾아오면
알게 된다더군…

세밀하게 들여다봐…
네 마음을.
돋보기나 현미경으로!

어떻게 보느냐의
문제겠지…

… 차원의 문제겠지.

어렵구나…

감정 이입

감정 이입을 뜻하는 프랑스어
앙파티(empathie)는···

앙파티(empathie)
: 파토스 안에 있다는 뜻.

그리스어 파토스는 '고통'을 의미합니다.

감정 이입은 남이 느끼는 것을 같이 느끼고
남의 기쁨이나 고통을 함께 나누는 능력입니다.

하지만 네가
느끼는 감정을
공감하긴 싫군.

식물들조차도 고통을 지각합니다.
만일 어떤 사람이 나무에 기대어
칼로 자기의 손가락을 베고 있을 때,

이런 실험은
무서워요, 박사님!

월급 인상해 주세요!

징!

검류계의 전극을 나무껍질에 대어 보면 전기 저항이 변화합니다.

따라서 나무는 사람 몸에
상처가 날 때 세포들이 파괴되고
있음을 느끼는 것입니다.

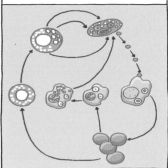

그런 식으로 생각해 보면, 만일 어떤 사람이 숲에서 살해되는 경우에는 그 숲의
모든 나무들이 그것을 느끼고 그것에 영향을 받을 수 있다는 얘기가 됩니다.

사건 현장을
본 사람, 아니, 나무
'손'들어 봐요!

아니, '나뭇잎'!!!

형사
콜롬보

징!

어떤 살해 현장

『블레이드 러너』의 저자인
미국 작가 필립 K. 딕에 따르면,

만일 어떤 로봇이
인간의 고통을 지각할 수 있고
그로 인해 괴로워할 수 있다면
그 로봇은 사람의 자격을
얻을 만합니다.

필립 K. 딕

그 추론을 뒤집어서,

만일 어떤 사람이
다른 사람의 고통을 지각할
수 없다고 한다면 그에게서
인간 자격을 박탈하는 것은
당연한 일이
될 것입니다.

그 추론을 발전시켜 우리는 사람의 자격을
박탈하는 것을 하나의 새로운 형벌로
생각해 볼 수도 있을 것입니다.

인간 자격을
박탈합니다.

I DON'T CARE!
우린 원래 동물인걸?!

탕!!!

주민등록증부터
반납하시오!

그렇게 되면 고문자, 살인자, 테러리스트 등
아무 거리낌 없이 타인에게 고통을 가하는
모든 자들이 그 벌을 받게 될 것입니다.

아직은 '인간이기를 포기한 자들'이란 말이 있을 뿐…

동물은 우리의 동맹군

제2차 세계 대전 중에 소련 사람들은 군견들을 대전차용(對戰車用)으로 훈련시켰습니다.

인류의 역사를 더듬어 보면, 인간과 동물 사이에 군사적인 협력 사례를 많이 발견할 수 있습니다.

물론 인간이 우리 의견을 물어보고 그런 협력을 얻어낸 것은 아니지만 말이죠.

개들의 임무는 지뢰로 무장하고 적의 전차 밑으로 숨어 들어가서 전차를 폭파시키는 것이었습니다.

출발!!!

그 작전은 그다지 잘 먹혀들지 않았습니다.

그런데 주인님! 공 던져 주세요!

휙!!

대피하라!!!

개들은 지뢰가 폭발하기 전에 주인들 품으로 돌아오기 일쑤였기 때문이었습니다.

1943년에 루이스 파이저 박사는 소이탄을 장착한 박쥐들로 일본 군함을 공격하는 방안을 제안합니다.

나는 목숨 걸고 싸우는데 불쾌하군!

펑!!!

그 박쥐들은 일본의 가미카제(神風) 특공대에 대한 연합군의 응수가 될 법했습니다.

그러나 히로시마에 원자탄이 떨어지고 난 뒤 그 무기들은 쓸모가 없어졌습니다.

연습 많이 했는데 아쉽군…

또 1944년에 영국인들은 고양이를 이용해서 폭발물이 실린 작은 비행기들을 조종하는 방안을 구상했습니다. 고양이들은 물을 무서워하니까…

비행기를 적의 항공 모함 쪽으로 몰고 가리라 생각한 거죠.

그러나 그건 전혀 사실이 아니었습니다.

베트남 전쟁 중에 미국인들은 비둘기와 독수리를 이용해서 베트콩들에게 폭탄을 보내려고 했습니다.

역시 실패로 끝났습니다.

동물들을 전투 요원으로 사용하는 대신에 첩보원으로 활용하려 했던 사례도 있습니다.

냉전 시절에 미국 CIA는 용의자를 놓치지 않고 미행하는 방법을 다각적으로 연구하면서,

바퀴벌레 암컷의 호르몬, 즉 페리팔론 B로 용의자에게 표시를 해두는 실험을 행했습니다.

그 물질은 바퀴 수컷에게 대단히 자극적입니다.

그래서 바퀴 수컷은 몇 킬로미터나 떨어진 곳에서도 그 물질이 있는 곳을 알아내어 찾아갈 수 있습니다.

타인의 영향

1961년에 미국의 아쉬라는 교수는 어떤 실험을 위해 자기 방에 일곱 사람을 모았습니다.

저는 여러분을 상대로 지각(知覺)에 관한 실험을 할 것입니다.

아쉬

그런데 진짜 실험 대상은 한 사람뿐이었고,

나머지 6명은 돈을 받고 교수를 도와주는 사람들이었습니다. 그 보조자들의 역할은 진짜 피실험자가 실수를 하도록 유도하는 것이었습니다.

그 실험은 이런 식으로 진행되었습니다. 피실험자가 마주 보고 있는 벽에 직선 두 개를 그려 놓습니다.

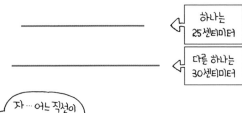

하나는 25센티미터

다른 하나는 30센티미터

자… 어느 직선이 더 깁니까?

6명의 보조자들은 한결같이 25센티미터 짜리가 더 길다고 대답합니다.

위의 직선이오!

위에 것이유!

위에 거예!

위에 것이 저기 헌디!

우에 거시기유!

위!!!

그리고 마지막으로 진짜 피실험자에게 묻습니다.

진짜 피실험자들 중에서 25센티미터짜리 직선이 더 길다고 응답하는 경우가 60%에 달하였습니다.

위의 직선이오!

또, 30센티미터짜리가 더 길다고 응답한 사람들도, 여섯 보조자들이 비웃으며 놀려 대면,

하하하

눈이 어떻게 된 거 아녜요?!

아! 다시 보니 위의 직선이 더 길군요!!!

하하하하하

아쉬 교수는 대학생과 교수 1백여 명을 상대로 같은 실험을 했습니다.

남의 말을 쉽게 믿지 않을 것으로 생각되는 사람들을 대상으로 한 실험이었음에도,

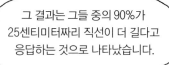

그 결과는 그들 중의 90%가 25센티미터짜리 직선이 더 길다고 응답하는 것으로 나타났습니다.

아래의 직선

날 놀리냐?

위의 직선

집에 갈래!

불쾌하다!

돈이나 달라!

승!

더욱 놀라운 것은 피실험자들에게 그 실험의 의도가 무엇이었는지를 밝혀도,

사실 우리는 **연구원**이에요.

아쉬 교수와 미리 짜고 실험에 참여했죠!

예?!

하하 마음 푸세요!

그들 중의 10%는 여전히 25센티미터짜리 직선이 더 길다고 고집을 부린다는 거였죠.

보세요! 위의 직선이 더 길잖아요… **명확해요!!!**

또 어쩔 수 없이 자기들의 실수를 받아들인 사람들도 남들이 다 그러기에 자기도 따라 했다는 것을 순순히 인정하기보다는,

아… 하하하

내가 잘못 봤군요…

갖가지 변명을 늘어놓더라는 것입니다.

그런데 사실 제가 근시예요!

게다가 이쪽 각도에서 보니까 또 다르더라구요. 하하하하…

바보는 될 수 없어!!!

공갈

이제 남은 거라고는 단 한 가지 방법밖에 없습니다.

공갈이 바로 그것입니다.

이미 많은 부를 축적하고 있는 나라에서는 부를 창출할 수 있는 온갖 방법이 다 활용된 터라,

예를 들면 어떤 나라가 있을까요?

공갈에도 종류가 많습니다.

자, 이거 마지막으로 하나 남은 겁니다.

지금 바로 사시지 않으면 기회가 없습니다. 다른 손님이 눈독을 들이고 있거든요.

삐비빠 삐비삐 뽀뽀

…라는 애교스러운 공갈이 있는가 하면,

석유가 공기를 오염시키는 것은 사실이지만, 그것이 없으면

이 겨울에 온 국민을 따뜻하게 해줄 방법이 없을 겁니다.

…라는 식으로 다중을 협박하는 공갈도 있습니다.

그런 공갈 앞에서 사람들은 결핍에 대한 두려움이나 무엇을 놓치는 것에 대한 두려움을 갖기 때문에 괜한 지출을 하게 됩니다.

아무래도 저 곳에 대량살상 무기가 있는 것 같습니다!

여러분! 트집이라도 잡아서 확인해 봅시다!

컬로덴 전투

그 모든 일은 왕위 계승을 둘러싼 왕가의 암투에서 비롯되었습니다.

컬로덴 전투는 서기 1746년에 잉글랜드군과 스코틀랜드군 사이에 벌어졌습니다.

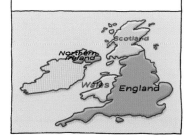

잉글랜드의 왕위가 공석이 되자,

잉글랜드 쪽에서는 독일계인 하노버가(家)에 도움을 청합니다.

뿅!

조지 1세

조지 1세가 왕위에 오릅니다.

왕위를 놓친 찰스 에드워드 스튜어트는 스코틀랜드로 달아나 왕위를 빼앗기 위해 군대를 모읍니다.

스코틀랜드는 씨족 체제에 의해 다스려지고 있습니다.

야권 통합이 절실합니다.

씨족들을 모아 주시오!!!

에드워드 스튜어트

스코틀랜드의 각 씨족은 저마다의 색깔을 지닌 모직 천과 저마다의 문장(紋章)과 저마다의 문화를 가지고 있었습니다.

웅성웅성

내가 옳네… 니가 틀렸네…

저마다 생각이 다름

뭉쳐야 이길 수 있소!!!

씨족들은 찰스 에드워드 스튜어트를 중심으로 단결하여 그를 도와 왕위를 탈환하기로 결정합니다.

말하자면… 비유하자면…

호헌 철폐 독재 타도!

그렇게 결성된 대규모 군대가 런던을 향해 남하합니다.

조지 1세는 스코틀랜드군을 저지하기 위해 급히 군대를 파견하지만,

헉!헉! 파죽지세 입니다!

스코틀랜드군에 섬멸을 당합니다.

그 잉글랜드 부대를 돕기 위해 파견된 다른 두 부대 역시

참패를 당합니다.

스코틀랜드군은 런던에 다다라, 재빨리 도시를 포위합니다.

런던이 포위 당했습니다!!!

로마 앞에서 한니발이 그랬듯이,

… …

스코틀랜드군은 승리가 너무 쉽게 이루어지고 있음에 놀랍니다.

그래서 역시 한니발이 그랬듯이,

로마

그들은 최후의 일격을 가하지 않고 망설입니다.

잠깐!!!

조지 1세는 이미 독일에 있는 자기 가족에게로 달아날 채비를 하고 있는 상황이었습니다.

고향으로 갈거야!

잠깐! 그것은 적에 대한 무지의 소치입니다!

?

사실, 스코틀랜드 병사들은 철두철미한 군인과는 거리가 멀고, 그 포위 공격에 별로 관심도 없었습니다.

지금이 몇 월이지?

오늘이 며칠이지?

그들은 군인이기 이전에 농부였습니다.

어서 고향으로 돌아가 수확을 하지 않으면

곡식이 밭에서 다 썩게 됩니다.

어서 직무로 복귀해야 합니다.

그런가?…

결국 스코틀랜드로 돌아가기로 결심합니다.

그러자 조지 1세는 다시 희망을 얻고, 아주 신속하게 용병 부대를 결성합니다.

이 용병들은 최신식 무기를 갖추고 있습니다.

구식 총처럼 총신 쪽으로 장전을 하지 않고

끼꾹 끼꾹…

총 마구리 쪽으로 장전을 하며 구멍에 무엇을 채워 넣을 필요가 없는 신식 소총입니다.

펑!

무기가 국력이로세!!!

이 군대는 스코틀랜드군을 추격하여 막대한 타격을 입힙니다.

으~아!

너네는 철수 안하니?

야! 너네는 농사 안 짓냐?!

펑! 펑! 펑! 펑! 펑! 펑! 펑! 펑!

그러자 화가 난 스코틀랜드군은…

더 이상 달아나지 말고…

맞서 싸웁시다!!!

척! 척! 척! 척! 척!

척후병들이 알려 온 바에 따르면,

잉글랜드군은 어떤 작은 마을에 주둔하고 있다고 합니다.

스코틀랜드군은 그 마을에 돌진해 갑니다. 하지만 잉글랜드군은 이미 달아나고 없습니다.

야—

아무래도 판세는 잉글랜드 쪽인 듯?!

예의 척후병들이 잉글랜드 편을 드는 씨족에 속한 배신자들이었던 것입니다.

스코틀랜드군은 적군을 찾아 이 마을 저 마을로 돌아다니느라 녹초가 됩니다.

식량도 다 떨어졌어요.

이상하네… 다들 추수 하러 갔나?

그러는 사이 잉글랜드의 장군은 컬로덴을 자기의 싸움터로 선택합니다.

그곳은 나무숲으로 둘러싸인 아주 넓은 빈터입니다.

CULLODEN

탁!!!

대포를 나무숲에 숨기고 소총수들을 돌담 뒤에 배치시킨 다음,

첩자가 스코틀랜드군의 위치를 알려 오기를 기다립니다.

잠도 제대로 자지 못한 채 사흘 동안 강행군을 하느라고 기진맥진한 스코틀랜드 병사들이 컬로덴에 도착했어요. 윽!

수고했네. 그러나 한 번 배반한 자는 또 배반하기 마련 아니다시피!

탕!

스코틀랜드군은 숲속과 돌담 뒤에 숨어 있는 적들을 보지 못합니다. 스코틀랜드군이 모두 빈터 한복판에 모이자,

여기 빈터가 있군.

잠시 쉬면서 주먹밥 먹읍시다!

컬로덴 공터

잉글랜드 장군의 사격 명령이 떨어집니다.

발사!!!

스코틀랜드 병사들도 반격을 시도하지만, 그들의 구식 총과 칼로는 신식 무기를 당할 수가 없습니다.

펑!
펑!
펑!
펑!
펑!
펑!
펑!

그야말로 하나의 대학살극이 벌어집니다.

결국 전투는 스코틀랜드군의 전멸로 끝나고 맙니다. 잉글랜드군이 입은 인명 손실은 거의 없었습니다.

1 + 1 = 3

이것은 재능들이 하나로 결합
되면 그것들의 단순한 합을
능가한다는 것을 뜻합니다.

음과 양,

큰 것과
작은 것,

높은 것과
낮은 것

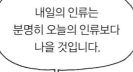

등이 융합하면

둘 중의 어느 것과도 다르면서

둘을 넘어서는 새로운 것이
생겨나게 됨을 뜻합니다.

$$1 + 1 = 3$$

이 방정식에는 우리의 후손은
반드시 우리보다 나으리라는 믿음,
즉 인류의 미래에 대한 믿음이
담겨 있습니다.

내일의 인류는
분명히 오늘의 인류보다
나을 것입니다.

나는 그것을 믿고
그러기를 바랍니다.

$$1 + 1 = 3$$

이 방정식은 또한
집체(集體)와 사회적 단결이

2배도
아닌,
3배
그 이상!

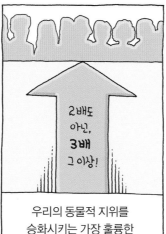

우리의 동물적 지위를
승화시키는 가장 훌륭한
수단임을 의미하기도 합니다.

그런데, 1+1=3은
수학적으로 거짓이기 때문에
그것을 철학적인 원리로
받아들이기가 거북하다는
사람들도 적지
않을 것입니다.

하지만
이렇게 한번
생각을
해보죠.

다음과 같은 방정식이 있습니다.

$$(a + b) \times (a - b) = a^2 - ab + ba - b^2$$

우변의 $-ab$와 $+ba$를 상쇄하면,

$$(a + b) \times (a - b) = a^2 - b^2$$

양변을 $(a-b)$로 나누면,

$$\frac{(a + b) \times (a - b)}{a - b} = \frac{a^2 - b^2}{a - b}$$

좌변을 약분하면,

$$a + b = \frac{a^2 - b^2}{a - b}$$

$a=b=1$로 놓으면,

$$1 + 1 = \frac{1 - 1}{1 - 1}, \quad \text{즉} \quad 2 = \frac{1 - 1}{1 - 1}$$

가 됩니다.

분수에서 분자와 분모가 같으면 그 값은 1입니다. 따라서 위의 식은

$$2 = 1$$

여기서 양변에 1을 더하면

$$3 = 2$$

우변의 2를 1+1로 대체하면,

$$3 = 1 + 1$$

이 증명은 0과 관련된 금칙을 무시함으로써 가능해진 수의 연금술입니다. 방정식

$$(a+b) \times (a-b) = a^2 - b^2$$

에서 양변을 $(a-b)$로 나누는 경우에는 빠뜨릴 수 없는 전제가 있습니다. $a - b \neq 0$, 즉 a와 b가 같지 않아야 한다는 것입니다. 실수 체계에서 0으로 나누는 것은 불가능하기 때문입니다. 따라서 $a = b = 1$로 놓는 것은 그 전제를 무시한 것인 만큼 이런 전개는 수학에서는 통용되지 않습니다.

하지만 믿고 싶어요.

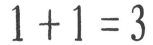

회문

Elu par cette crapule

이것은 회문(回文)입니다.

앞뒤 어느 방향으로 읽어도 같은 말이 되죠.

'저 천박한 것들에 의해 선출된'이라는 뜻인데, 프랑스말이라 좀 어렵나요?

딱!

그래서 우리나라 말로 된 회문을 찾아보았습니다.

오~ 어떻게?!

인터넷으로!

인터넷 강국 대한민국!

여보 안경이 안 보여.

안경을 안 쓰니 안경이 안보이지!

소주 만 병만 주소.

할인해서 천만 원입니다.

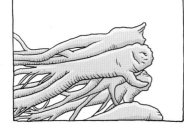

다 큰 도라지라도 큰다.

나가다 오나 나오다 가나.

동아리방

들락 날락

자꾸만 꿈만 꾸자.

인간의 정의

그렇다고 한다면
3개월 된 태아는
사람인가?

갓 수정을 끝낸 난자는
사람이라고 할 수 있는가?

사지가 온전히 발육한
6개월 된 태아는 이미 사람이
되었다고 할 수 있는가?

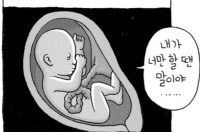

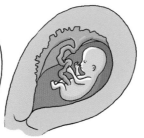

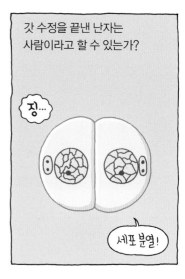

6개월 전부터 혼수 상태에
빠진 채 의식을 되찾지
못하고 있는 환자,

그렇지만 여전히 심장이 뛰고
허파로 숨을 들이고 내는 식물
인간은 여전히 사람인가?

사람의 몸에서 분리되어
영양액 속에 담긴 살아 있는
뇌는 사람인가?

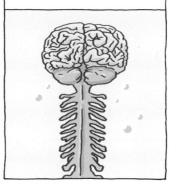

인간의 사고 작용을 그대로
모방할 수 있는 컴퓨터도
사람으로 취급할 수 있을까?

사람과 똑같은 겉모습에
사람의 뇌와 비슷한 뇌를
가진 로봇은 사람인가?

사람의 신체 기관에 생길지도
모를 결함에 대비해서, 대체
장기들을 미리 마련해 둘
목적으로 유전자 조작을 통해
만들어 낸 복제 인간은 사람인가?

그 어떤 물음에도
분명하게 답하기가
쉽지 않군요.

시대가 변하면 사람에 대한 뜻매김도 달라질 수 있기 때문입니다.

고대에는 물론이고 중세까지도 여자와 오랑캐와 노예는 사람 취급을 받지 못하였습니다.

그러나 입법자들에겐 무엇이 사람이고 무엇이 사람이 아닌지 가려낼 의무가 있죠.

그들의 판단을 돕기 위해서는 생물학자, 철학자, 정보 공학자, 유전 공학자, 종교인, 시인, 물리학자들이 함께 머리를 맞대야 할 것입니다.

'사람'이라는 말을 정의하기가 점점 더 어려워질 것이기 때문입니다.

욕설

프랑스어 공부 시간!
욕설들의 어원~!

미안해…

말미잘!!!

프랑스어 욕설들의
어원은 종종 우리가
생각하는 것보다 한결 덜
모욕적입니다.

이담에
크게 될
놈아!!!

?

몇 가지 예를
들어 보죠.

시베리안 허스키?
개인 병실?
게시판?
신발끈? 십센찌?
십팔세기?
이십세기?
개나리?
십장생?!

이디오
(idiot, 백치)

그리스어 이디오테스(idiotes)
에서 온 것으로 '특별하다,
남과 다르다'라는 뜻을
담고 있습니다.

'이디오티슴(idiotisme)'이라는 말은
어떤 언어의 고유 어법을 가리킵니다.

이디오!!!

그래요, 나는
특별해요!

훗날, 그는 무려 세계를 창조한다.

앵베실
(imbécile,
바보)

라틴어 임베킬루스(imbecillus)
에서 온 말. 이는 다시 지팡이를
뜻하는 라틴어 바킬룸(bacillum)
에서 나온 것입니다.

따라서 '임베킬루스'는 지팡이를
가지고 있지 않은 사람이라는 뜻입니다.

비틀거리더라도
혼자 힘으로
갈 거야!

앵베실!!!

인생은
혼자라고!

뒤뚱뒤뚱

지팡이나 남에게 의존하지 않기 때문에 걸음걸이가 불안한 사람, 즉
앞으로 나아가기 위해 외부의 도움을 빌리지 않는 독립적인 사람입니다.

168

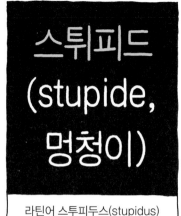

스튀피드
(stupide,
멍청이)

라틴어 스투피두스(stupidus)
에서 온 말입니다.

'놀라운 일을 당해서
어리둥절하다'는 뜻입니다.

어떻게 저럴 수 있죠?!

그러니까 스튀피드란 모든 것에 놀라고 모든 것에
경이로움을 느끼는 사람입니다.

어떤 종류의
폭력을 마주한
정의의 이쁜이.

세파에 닳고닳아서 모든 것에 흥미를 잃은
사람의 반대인 셈입니다.

스튀피드!

세상은
원래
그런거야

그게 다
힘의 논리
라구...

시민들이여! 모두 모여
말합시다! 그건 잘못이라고!!!

저도 같이
나설래요,
선배!

하지만 참아선 안 되는 부조리에는 언제나 **스튀피드**해집시다!

허물 벗기

허물을 벗는 동안 뱀은 앞을 보지 못합니다.

뱀이 허물을 벗는 첫 번째 이유는 몸이 커지기 위한 것입니다.

그와 마찬가지로,

우리는 어떤 변화가 일어나고 있는 동안에는…

완성이다!

도와줘서 고마워, 친구!!!

후덜덜…

순수에게 고백할 거니?

그게 사랑이라고 확신해?!

응.

…… ……

그럼 이쁜…

무슨 일이 벌어지고 있는지를 제대로 알 수가 없습니다.

아니야, 친구. 화이팅!!!

나… 간다!

탕가니카의 원린어

탄자니아에 있는 탕가니카 호수는 지구상에 늦게 나타난 산악 호수 가운데 하나입니다.

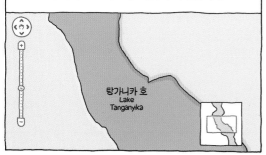

탕가니카 호
Lake
Tanganyika

이 호수에서는 다른 어느 곳에서도 오지 않은 기이한 동물상(動物相)이 빠르게 형성되었습니다.

이곳의 동물들은 다른 곳에서 찾아볼 수 없는 이상한 행동을 보여 줍니다.

예를 들어 탕가니카 호의 원린어(圓鱗魚)는 이제껏 모듬살이를 하는 포유류에게서만 나타나는 것으로 생각했던 복잡한 영역 표시 행동을 보입니다.

어떤 원린어 종의 수컷들은 늑대나 사자와 약간 비슷하게 영역을 표시합니다.

야! 너네 우리 따라 하냐?!

창조적인 표절이야!

사실 너네 방식은 이제 식상해!

물론 사방에 오줌을 갈겨서 영역의 경계를 표시하는 건 아니지만 말입니다.

이 수컷들은 자기들의 영역 안에 뾰족한 탑 모양의 모래성을 쌓습니다. 놈들은 입으로 모래를 긁어모아 되도록 높게 성을 쌓은 다음, 꼭대기에 분화구 같은 구멍을 만듭니다.

뿡!

오… 완벽해!

그런 다음 암컷을 데려와서 자기들의 '저택'을 구경시킵니다.

짠!!!

어머어머!!!

끼잉! 끼잉!

이벤트 없는 세상에 살고 싶어…

암컷은 성이 높으면 높을수록 매력을 느낍니다.

그런데 한 가지 문제가 있습니다.

으악!

슝~

그러게 일기예보를 봤어야지.

탕가니카 호의 강한 물살 때문에 애써 쌓아올린 탑의 꼭대기가 유실되기 십상이라는 것입니다.

그런 문제에 맞서 탕가니카 호의 이 훌륭한 건축가들이 생각해 낸 대응책은…

!

물살의 공격에 성이 무너지기 전에 가능한 한 빨리 암컷에게 성을 구경시키는 것입니다.

갑자기 왜 부른거야?

따라와 보면 알아, 자기야!

슈웅~

어머, 멋…

저녁은 뭘로 할까?!

슝!!!

← 아… 무너진 사랑탑

콰!

미안, 일기예보를 봤어야 하는데…

그래도 멋있어요, 헐렝이 선배!

97

건배

그들은 건배를 하면서 각자 자기 잔의 술 방울이 다른 사람의 잔에 떨어지게 했습니다.

건배는 프랑크족의 전통입니다.

프랑크 소세지 (농협?)

퉁!!!

그럼으로써 그의 술잔에 독을 넣지 않았다는 것을 증명해 보이는 것이었습니다.

콸! 콸! 콸! 콸!콸! 콸! 콸!

술잔을 세게 부딪칠수록 흘러 넘치는 술이 많아지므로, 서로의 술이 섞일 가능성도 높아집니다.

자네는 왜 **건배를** 하지 않나?

따라서 술잔을 세게 부딪칠수록 더 정직한 사람으로 여겨지게 됩니다.

아니… 그… 그럴 것 까지는…

지금 나를 의심하는 겐가?!

100미터 9.8초의 속력으로 나의 **우정을** 증명하겠네!!!!!

200미터 전방

문자 방진

사토르(SATOR)라는 마방진은 가장 오래된 문자 방진(方陣)입니다.

이 마방진은 폼페이에서 하나가 발견되었고, 여러 문명의 많은 기념물에서도 발견된 바 있습니다.

기독교인들은 이 마방진이 주기도문을 나타내고 있다는 것을 증명하려고 애썼지만,

너무 어려워…

뜻대로 되지 않았습니다.

이 방진의 각 행은 그리스어로 다음과 같은 뜻이 됩니다.

S A T O R: 씨 뿌리는 사람 또는 창조자
A R E P O: 기어다닐 때부터 또는 초목의 싹이 날 때부터
T E N E T: 너는 가지고 있다
O P E R A: 실행
R O T A S: 바퀴들

따라서, 전체적으로는 '씨 뿌리는 사람이 기어다닐 때부터 또는 초목의 싹이 날 때부터 우주의 수레바퀴들이 돌아가게 하는 일을 맡고 있다' 정도의 뜻이 될 듯합니다.

한편, 이 방진은 완벽한 회문(回文)이기도 해서, 앞뒤 어느 방향으로 읽든 같은 말이 됩니다.

S	A	T	O	R
A	R	E	P	O
T	E	N	E	T
O	P	E	R	A
R	O	T	A	S

우~와!

그래서 김수박은 한글로 된 마방진을 만들어 보려고 애썼지만…

으앙!

평생을 걸어도 못하겠다.

뜻대로 되지 않았습니다.

향기

장미 한 송이가 제가 지닌 향기를
다 표현하는 데에는 12시간이
필요합니다.

죄수의 딜레마

두 용의자가 은행 앞에서 체포되어 따로따로 감방에 갇혔습니다.

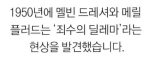

1950년에 멜빈 드레셔와 메릴 플러드는 '죄수의 딜레마'라는 현상을 발견했습니다.

그것을 설명하자면 다음과 같아요.

경찰은 그들의 무장 강도 공모 사실을 자백하도록 부추기기 위해 그들에게 한 가지 제안을 합니다.

만일 둘 중에서 아무도 말을 하지 않으면,

당신들은 각각 2년의 징역형에 처해질 것이다.

만일 한 사람이 다른 사람을 고발하는데 다른 사람이 아무 말도 하지 않으면,

고발한 사람은 풀려나고 아무 말도 안 한 사람은 5년의 징역형을 받게 된다.

또, 만일 두 사람이 서로 상대방을 고발하면,

둘 다 징역 4년의 벌을 받는다.

두 용의자는 저마다 다른 용의자도 똑같은 제안을 받았다는 사실을 알고 있습니다.

이젠 내가 설명할꺼야!!!

그렇다면 어떤 일이 벌어질까요?

그들은 먼저 이렇게 생각합니다.

만일 저 친구가 이 거래를 받아들여 나를 고발하게 되면, 그는 풀려나는데 나는 5년형을 받게 돼. 이건 너무 부당한 일이야.

그러면서 두 용의자는 자연스레 이런 생각을 떠올리게 됩니다.

반대로, 만일 내가 그를 고발하면, 나는 풀려나게 될지도 몰라. 우리 중의 하나가 풀려 날 수 있는데 굳이 둘 다 벌을 받을 필요는 없지.

실제로 그런 상황에 봉착한 실험 대상자의 대다수는 다른 사람을 고발하는 것으로 나타났습니다.

하지만 공범 역시 똑같은 방식으로 생각을 하기 때문에

두 사람 다 4년의 징역형을 받게 됩니다.

· · · · ·

쩝···

기왕 이렇게 된 거···

사이 좋게 지내자.

우리는 동지!!!

· · · · ·

둘 다 깊이 생각해서 침묵을 지켰더라면 2년형만 받아도 되었을 텐데 말입니다.

더 이상한 일은, 둘이 의논할 기회를 주고 실험을 다시 해도 똑같은 결과가 나온다는 사실입니다.

다시 한 번 기회를 주겠다!

오예!

둘 다 입 다물면 2년이라잖아!!!

폴짝 폴짝

두 사람은 공동의 대응책을 강구해 놓고서도

결국엔 서로를 배신하고 맙니다.

쩝···

사람들 사이에서 벌어지는 많은 문제들은 서로를 전적으로 신뢰하지 못하는 데서 생깁니다.

새옹지마

하루는 이 노인이 기르던 좋은 말이 국경을 넘어 오랑캐 땅으로 달아났습니다.

옛날 중국 북방의 한 요새에 앞일을 잘 내다보는 노인이 살고 있었어요.

우와~ 재미있는…

옛날 이야기다!

자유롭고 싶단 말이에요!!!

어허!

다그닥… 다그닥…

마을 사람들이 찾아와 귀한 말을 잃어버린 노인에게 위로의 말을 건네자,

아이고! 이를 어쩐대요?!

내다팔면 오백만 원도 넘을텐데…

조금도 애석해하는 기색을 보이지 않고

태연하게 대답했습니다.

이 일이 복이 되는지 누가 알겠소?

얼마 후 신기하게도 국경을 넘어갔던 말이 오랑캐의 준마를 데리고 요새로 돌아왔습니다.

결혼할 여자예요.

합하면 천만 원도 넘겠네…

어머나 세상에!

마을 사람들이 경사가 났다며 이 일을 축하하자,

노인은 전혀 기쁜 기색을 보이지 않고 대답했습니다.

이 일이 화가 되는지 누가 알겠소?

노인에게는 말타기를 좋아하는 외아들이 있었습니다.

어느 날 그 아들이 오랑캐의 준마를 타다가 떨어지는 바람에 다리가 부러졌습니다.

악!

내 사전에 불가능은 없다!

마을 사람들이 걱정하며 이를 위로하자,

아이고! 이를 어쩐대요?!

그 놈의 나폴레옹이 누구인지 애들이 아주 난리예요!

노인은 아무렇지도 않다는 듯이 대꾸했습니다.

이 일이 복이 되는지 누가 알겠소?

노인의 아들이 불구가 된 지 1년쯤 되었을 때, 이웃 나라 오랑캐가 쳐들어왔습니다. 마을 장정들은 모두 싸움터에 나가 전사했지만,

노인의 아들은 절름발이라서 징집을 면했던 거죠.

초등학교 3학년 때 배운 이야기예요.

헉…! 존경합니다.

179

여성 숭배

대다수 문명들의 기원에는 모신(母神)에 대한 숭배가 있습니다.

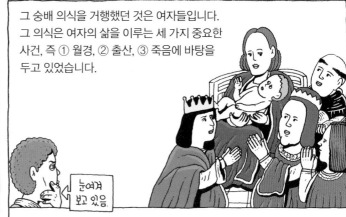

그 숭배 의식을 거행했던 것은 여자들입니다. 그 의식은 여자의 삶을 이루는 세 가지 중요한 사건, 즉 ① 월경, ② 출산, ③ 죽음에 바탕을 두고 있었습니다.

늘여겨 보고 있음.

그 뒤에 남자들은 여성이 행하던 초기의 의식들을 모방하려고 했습니다.

기독교의 사제들은 여성의 긴 드레스를 차용했고,

얼씨구~ 지화자!

시베리아의 샤먼들도 여자처럼 옷을 입습니다.

모든 종교에서 우리는 모신의 이미지를 발견할 수 있습니다.

초기의 기독교인들은 이교도들이 예수의 가르침을 받아들이기 쉽도록 성모 마리아를 내세웠습니다.

그러니까 모델이 되어 주세요.

정통성 획득이 중요하거든요.

쑥스럽군요. 호호호…

마리아

말하자면 성모 마리아에 새로운 여신의 이미지를 부여한 것인데,

이 여신의 특별함은 동정녀라는 점에 있습니다.

하지만 중세에 들어와서 기독교는 옛날의
여성 숭배와 관계를 끊기로 결정했습니다.

프랑스에서는 '검은 마리아'의 숭배자들을
잡아들이라는 명령이 내려졌고,

'마녀들'을 화형에 처하기 위한
장작더미가 도처에 쌓였습니다.

이 직업을
그만둘 때가
된 것 같다!

마법사

'마법사들'보다는 '마녀들'이 훨씬 많이 처형되었죠.

남자들은 여자들을 종교 영역에서
배제시키려고 노력했습니다.

그리하여 전형적인 남성의 의식인 전쟁을 만듭니다.

하지만 종교 영역이 언제까지라도 남성의
전유물로 남아 있을 수는 없을 것입니다.

끝없이 전쟁을
일으켜야 해!

평화로우면
불안해요

남자들이 느끼는 두려움의 대부분은 세상일들이
언제나 똑같은 방향으로 나아가는 것이 아니라는
것을 받아들이지 못하기 때문에 생깁니다.

그에 반해서 여자들은 매달 자기들의 몸을 통해 한 가지 교훈을
얻습니다. 달이 차면 이울고, 이울면 다시 차는 법이다. 그것이 바로
세계에 대한 '생동하는' 지각입니다.

여자들이 이끄는 세상이 훨씬 평화로울지 모른다고 생각합니다.

각자의 자리

사회학자 필립 페셀에 따르면,

여성의 특성은 다음과 같은

네 가지 성향으로 나타 납니다.

필립, 페셀

1) 어머니

2) 애인

3) 전사

4) 선생님

어머니 같은 여자는 다른 어떤 일보다 가정을 꾸리고 아이를 낳아서 키우는 일에 중요성을 부여합니다.

민석이 엄마, 그거 알아?! 애들한테 키위가 그렇게 좋다던데?!

어머, 정말?!

꾸러기 어린이집

예수

애인 같은 여자는 유혹하기를 좋아하고 위대한 연애 사건을 경험하고 싶어 합니다.

멋있어…

정말 위대할 거라 생각해?

그나저나 너에게 이런 면이 있을 줄은…

전사 같은 여자는 권력의 영역을 정복하고 싶어 하고 대의 명분을 위한 투쟁이나 정치적 활동에 참여하고 싶어 합니다.

인권!

반전!

양성 평등!

선생님 같은 여자는 예술이나 종교, 교육, 의료 등에 많은 관심을 갖습니다.

깡순 선배에게 저런 면이 있을 줄은…

I wish I was special ~♪

이런 성향을 가진 여자들은 훌륭한 예술가나 교육자나 의사가 될 가능성이 많습니다.

옛날 같으면 무녀나 여사제가 되었을 사람들입니다.

어떤 여자에게든 이 네 가지 성향이 다 있지만, 그중에서 어느 것이 더 발달하는가는 사람마다 차이가 있습니다.

문제는 사회가 자기에게 부과한 역할에서 자기의 존재 의의를 찾지 못할 때 생깁니다.

만일 애인 같은 여자에게 어머니가 되라고 강요한다거나

개똥이 엄마… 어제 60분 부모 봤어?!

선생님 같은 여자에게 전사가 되라고 강요한다면,

할 말이 없는데…

때로는 그 강요 때문에

개똥이 엄마! 오늘 애들 학원 알아보기로 했잖아.

으앙!

격렬한 충돌이 생겨날 수도 있습니다.

으앙!

동지!

투쟁…!

쟁취…!

대동단결…!

남자들에게도 다음과 같은 네 가지 성향이 있습니다.

1) 농부

2) 유목민

3) 건설자

4) 전사

성서에 나오는 카인과 아벨의 이야기를 생각해 보죠. 카인은 농사를 짓고 있었고 아벨은 가축을 돌보고 있었습니다.

하이~

웃챠!!!

툭!

말하자면 카인은 농부에 해당하고

삐리리~

아벨은 유목민에 해당합니다.

카인이 아벨을 죽였을 때, 하느님은 카인을 벌하면서

너는 땅 위를 떠돌 것이다!!!!!

농부인 카인에게 유목민이 되라고 강제한 셈입니다.

카인은 유목민이 되기에 적합한 사람이 아님에도 그 일을 해야 했습니다.

벌써 3일을 굶었어…

바보! 염소 고기를 먹으면 되지…

쉿!

그럼으로써 그는 큰 고통을 겪게 되죠.

백년해로로 이어질 가능성이 가장 높은 결합은 어머니 같은 여자와 농부 성향의 남자가 만나는 것입니다.

둘 다 안정과 지속을 원하니까.

칫! 그런 건 맞지 않아요.

그 밖의 다른 결합들은 대단히 정열적인 사랑을 이룰 수는 있으나 결국에는 갈등과 대립에 이르고 맙니다.

칫! 복채는 드릴 수 없어요, 흥!

사이비 같애!!!

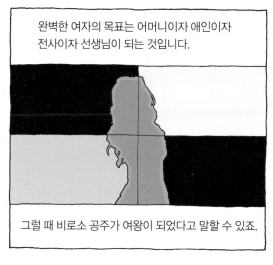

완벽한 여자의 목표는 어머니이자 애인이자 전사이자 선생님이 되는 것입니다.

그럴 때 비로소 공주가 여왕이 되었다고 말할 수 있죠.

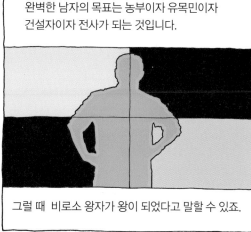

완벽한 남자의 목표는 농부이자 유목민이자 건설자이자 전사가 되는 것입니다.

그럴 때 비로소 왕자가 왕이 되었다고 말할 수 있죠.

완벽한 여왕과 완벽한 왕이 만나면 마술과도 같은 일이 벌어집니다.
그 만남에는 열정도 있고 지속성도 있습니다.

우리는 완벽한 만남일 수도 있지만…

어쩌면 다시는 만나지 못할…

… 슬픈 인연.

하지만 그런 만남은 참으로 드뭅니다.

중국 속담

앙갚음을 하려 애쓰지 말고,

머지않아 그 사람의 시체가 떠내려가는 것을 보게 될지니.

외계인

외계인에 관해서 언급한 서양의 가장 오래된 문헌은 기원전 4세기에 데모크리토스가 쓴 것입니다.

그는 별들 사이에 있는 또 다른 지구에서 벌어진 지구의 탐험가들과 외계 탐험가들 사이의 만남을 암시하고 있습니다.

난 당신의 존재를 믿었소.

그가 상상한 외계인 ↓

데모크리토스

기원전 4세기

기원전 3세기에 에피쿠로스는

인간과 비슷한 존재들이 사는 다른 세계가 존재하는 것은 당연하다.

에피쿠로스

기원전 3세기

…고 쓴 바 있습니다.

로마의 시인 티투스 루크레티우스 카루스가 훗날 그 글에 영감을 받아,

탁!

루크레티우스

기원전 3세기

훗날

「데 나투라 레룸」, 즉 「자연에 관하여」라는 시를 씁니다.

詩 데 나투라 레룸 (즉, 자연에 관하여) 티투스 루크레티우스 카루스

탁!

내가 썼어요… 헤헤!

그러나 무관심 속에서 망각의 늪에 묻혀 버렸습니다.

아우구스티누스는 아리스토텔레스가 그랬던 것처럼,

지구가 생물이 사는 유일한 행성이며, 생물이 사는 다른 행성은 존재할 수 없다!

하느님이 그것을 원하셨기 때문이지!

아리스토텔레스

아우구스티누스

…라고 단언하였습니다.

그 의견과 맥락을 같이하여, 1277년에 교황 요한 21세는 생물이 사는 다른 세계가 존재할 가능성을 언급하는 자에 대한 사형을 허용하였습니다.

사형!!!

탕!

교황 요한 21세

조르다노 브루노

1277년

이탈리아의 철학자 조르다노 브루노는 코페르니쿠스의 지동설을 옹호하고 세계의 복수성(複數性)을 주장했다는 이유로 화형을 당했습니다.

나… 이것 참!

활활활…

이렇듯 4백 년이라는 긴 세월 동안 외계인은 금기의 주제가 되고 말았습니다.

휘…

400년간

외계인에 관한 이야기는 17세기의 프랑스 작가 시라노 드 베르주락의 소설로 새로운 전기를 맞습니다.

반가워요!

다른 세계 : 달에 있는 국가와 제국들

시라노 드 베르주락

사후인 1657년에 출간

그의 뒤를 이어 퐁트넬은 1686년에 『세계의 복수성에 관한 대화』를 썼고,

외계인 만만세!

볼테르는 1752년에 시리우스의 주민으로서 이 별 저 별을 여행하다가 지구에 내려온 위대한 우주 여행가의 이야기 『미크로메가스』를 썼습니다.

세계의 복수성에 관한 대화

퐁트넬

1686년

미크로메가스

볼테르

1752년

188

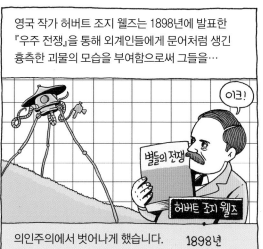

영국 작가 허버트 조지 웰즈는 1898년에 발표한 『우주 전쟁』을 통해 외계인들에게 문어처럼 생긴 흉측한 괴물의 모습을 부여함으로써 그들을…

이크!

별들의 전쟁

허버트 조지 웰즈

의인주의에서 벗어나게 했습니다.　1898년

미국의 천문학자 퍼시벌 로웰은

화성에 지능을 가진 생명이 존재한다는 증거인 관개 수로망을 보았다!

퍼시벌 로웰

1900년　　　…라고 주장했습니다.

그 무렵부터 외계인이라는 말의 몽환적인 측면이 사라졌습니다.

1900년

그러다가 스티븐 스필버그의 영화 「E. T.」에 이르러 외계인 이라는 말은 마침내 친구의 동의어가 되었습니다.

내 친구 E.T. !!!

스티븐 스필버그

1982년

이 정도 가지고 뭘요…

하하하…

하하…

조르다노 브루노도 우리의 친구인데 미안하네…

활활…

활활…

다섯 단계

엘리자베스 퀴블러로스는
많은 환자들의 임종을
지켜보았습니다.

불치병 환자들이
죽음을 담담하게
받아들이기까지 대개
다음과 같은
다섯 단계의 과정을
거친다는 사실을
알아냈습니다.

1. 거부 환자는 자기의 죽음을 거부하면서, 자기의 삶이
예전처럼 계속되기를 바랍니다. 그는 치료가
끝나면 집에 돌아가겠다는 식으로 말합니다.

2. 분노 반발. 환자는 죄인을 하나
지목하여 모든 걸 그 사람
탓으로 돌리려고 합니다.

3. 흥정 환자는 의사와 운명과 하느님에게 유예를 요구합니다.
'이번 크리스마스 때까지 만이라도 살고 싶어요'라는
식으로 날짜를 못박기도 합니다.

4. 의기 소침 환자는 기력을 완전히 잃고 맙니다.
모든 걸 놓아 버린 듯, 더 이상 싸울
의지를 보이지 않습니다.

5. 수용 세상을 곧 떠나게 될 환자는 통증을 일시적으로만 완화해 주는
치료로 간신히 목숨을 이어가면서도 가장 아름다운 그림이나
가장 아름다운 음악을 요구합니다.

실험실

하지만 실패한 실험에 관한 소식도 전해 주어야 할 것입니다.

과학 저널에서는 성공한 과학 실험에 관해서만 소식을 알려줍니다.

저는 헐렝 선배가 좋아요…

하지만…

하지만?!

정보가 없으면,

헐렝 선배의 진심을 알 수가 없어요.

혹시?!

혹시…

실험이 실패했다는 사실을 모르는 다른 학자들에 의해서

헐렝이 선배의 마음 속에 아직 이쁜이 선배가 있는지도 모르죠…

나…나도 몰라…

같은 실험이 자꾸 되풀이될 것이기 때문입니다.

순수가 좋아할까? 헤헤헤

누구에게 주는 선물일까…?

하지만 헐렝아… 사랑은 **진실**인거야

삼파전

어떤 놀이에서는 편이 좋은 편과
나쁜 편으로만 갈리지 않고,

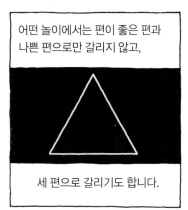

세 편으로 갈리기도 합니다.

아이들에게는
그런 놀이를
경험하는 것이 꼭
필요하죠.

네! 네!
선생님!

편이 셋으로 갈려 있으면,
아이들은…

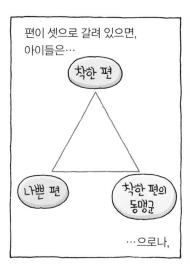

착한 편

나쁜 편

착한 편의
동맹군

…으로나,

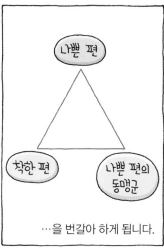

나쁜 편

착한 편

나쁜 편의
동맹군

…을 번갈아 하게 됩니다.

아이들은
나쁜 편이 되는 것을
더 이상 싫어하지
않습니다.

모든 게 흑 아니면 백인
줄 알았더니

사실은 그렇지 않다는 것을
깨닫게 되었기 때문입니다.

누군지 모르겠지만
회색분자다!

또한 이 삼파전 체제는
동맹의 의미와 동맹군을
바꾸는 것의 중요성을
이해하게 해줍니다.

닭이 뱀을 잡아먹고,

뱀이 여우를 물고,

여우가 닭을
잡아먹는다고
할 때,

만일
닭과 뱀이
결합
하거나

여우와 닭이
결합해서
동맹을
이룬다면,

판도가 완전히 달라집니다.

삼파전의
미묘함은 얄타
놀이에서 잘
나타납니다.

얄타 놀이란 세모 모양으로 된 체스 판에서 세
사람이 하는 체스 경기입니다.

이 놀이에서는 가장 강하거나
가장 똑똑한 자로 보이는 것이
오히려 나쁘죠.

좋아!
시작해
볼까?!

그런 태도는 곧바로 다른 두 편의
동맹을 야기하기 때문입니다.

이쁜이 선배!
우리 혈렝이 선배를
무찔러 볼까요?!

그…
그럴까?

인류 기원 전설 :
그리스

방주를 타고 파르나스 산 정상에 다다른
데우칼리온과 피라는…

청동 시대 인류를 몰살시킨 대홍수에서
살아남은 단 두 명의 의인에게…

인류를 창조하라!

어떻게…?

음…

데우칼리온

피라

신들은 새로운 인류를 만드는 의무를 부여합니다.

그러니까 이렇게 눈을 가리고 …

자기들의 어깨 너머로
돌을 던지죠.

으랏차!!!

휙

휙

그 돌들은 조각상으로 변하더니
노래를 부르기 시작합니다.

펑!

펑!

펑!

데우칼리온과 피라는…

인류에 관한 이야기를
하는 노래 중에서
어떤 하나를 선택하라!

…고 명령을 받은 바 있습니다.

그들은 그리스 영웅들의 이야기를 선택합니다.

합격!

어머니!!!

○

삥!

바로 테세우스와 헤라클레스와 다른 모든
반신반인들의 이야기입니다.

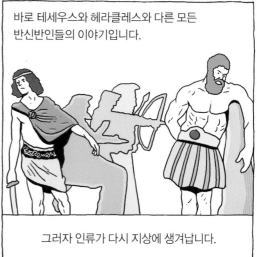

그러자 인류가 다시 지상에 생겨납니다.

데우칼리온과 피라가 죽고,

잠깐 나 좀 보세…

?

선택받지 못한 조각상 무리는 부당함을 호소하며
신들에게 재판을 요구합니다.

행정 소송을 하자고!

서울행정법원

신들은 저울을 이용하여
데우칼리온과 피라가
선택한 이야기의 무게를
달아본 다음,

그리스 영웅들의 이야기

선택받지 못한 조각상들의 이야기 모음집

두 사람이 올바른 선택을 했다고 판정을 내립니다.

이젠 할 말 없지?!!

탕!!!

퍽!

이게 뭐야?!

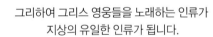

그리하여 그리스 영웅들을 노래하는 인류가
지상의 유일한 인류가 됩니다.

랄랄라…

인류 기원 전설 :
터키

인류는 검은 산에서 태어났습니다.

어떤 동굴 속에 사람 형상을 한 구덩이가 파이고

빗물이 흘러

쏴…

그 구덩이에 진흙이 쌓입니다.

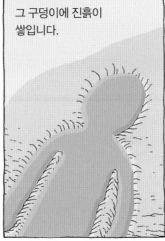

진흙은 9개월 동안 태양의 온기를 받으며 그 구덩이에 머뭅니다.

속도위반 하지 않고 9개월 동안 온전히!

9개월이 지나자

뿅!

동굴에서 최초의 인간 '아이 아탐'이 나옵니다.

응애.

인류 기원 전설 :
멕시코

하느님이 찰흙을 빚어
사람을 만든 다음

가마에 넣고 굽습니다.

이것은 고대의 신앙과 가톨릭
신앙이 혼합된 전설입니다.

조각도
(세모칼)

활...
활...

부지깽이

그런데 너무 오랫동안 굽는 바람에 사람이 까맣게
타서 나오죠. 그러자 하느님은 작업을 망쳤다고
생각하고 그 생산물을 땅에 던집니다.

그것은 아프리카에 떨어집니다.

에잇!
새로
만들끄야!

휘익!

탁!

하느님은 일을 포기하지 않고
두 번째 사람을 빚어 가마에
넣고 굽습니다.

그런데 이번에는 너무 살짝
굽는 바람에 사람이 아주
하얗게 되어 나옵니다.

또 실패입니다.

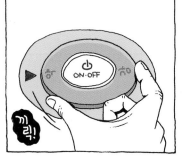

ON·OFF

끼릭!

역시
불조절이
중요해!

IMAGINE...
(상상해
봐요...)

턱!

하느님은 그것을 다시 던져 버립니다.

운명이다! 받아들여라!

그것은 유럽에 떨어집니다.

두고 보자!

보란 듯이 살아주겠다.

탁!

하느님은 굽는 데에 만전을 기해서 다시 한 번 해보기로 합니다.

약

중간불에 15분 정도…?

ON·OFF

이번에는 딱 알맞게 구워져서 사람이 구릿빛이 되어 나옵니다.

올레!!!

마침내 성공했다!

하느님은 그 사람을 아주 조심스럽게 아메리카에 내려놓습니다.

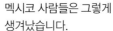

징…

멕시코 사람들은 그렇게 생겨났습니다.

칼리도! 게바소!

인류 기원 전설 :
수족 인디언

수족(族)의 전설에 따르면, 인간은 어떤 토끼가 길을 가다가 주운 핏덩이에서 태어났습니다.

토끼는 핏덩이를 발견하자마자 다리로 툭툭 건드리며 장난을 치기 시작합니다.

그러자 핏덩이가 창자로 변합니다.

토끼가 장난질을 계속함에 따라, 창자에서 심장이 자라고 눈이 생겨나더니

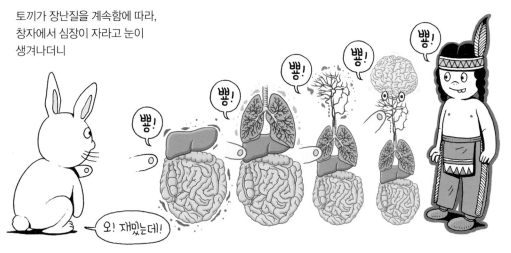

마침내 사내 아이 하나가 나타납니다. 최초의 인간이 태어난 것입니다.

그가 바로 수족의 조상입니다.

인류 기원 전설 :
아라비아

아라비아에는 구약 창세기의
변이형이 존재합니다.
그곳의 전설에 따르면,

하느님이 사람을 빚는 데

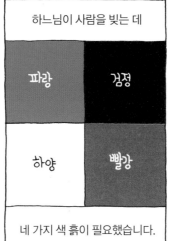

파랑	검정
하양	빨강

네 가지 색 흙이 필요했습니다.

하느님은 가브리엘 천사를 보내
그 흙을 가져오게 했습니다.

가브리엘 천사가 흙을 가져가려고 몸을 숙이자,
땅이 그에게 물었습니다.

가브리엘 천사는 땅의 말을
하느님에게 전했습니다.

하느님은 미카엘 천사를
대신 보냈습니다.

상황은 마찬가지였습니다.

하느님은 다시 아즈라엘 천사를 보냈습니다.
죽음의 천사인 아즈라엘은 땅의 주장에
설복당하지 않고 흙을 가져왔습니다.

결국 인류는 이 죽음의 천사 덕분에
존재하게 된 셈입니다.
하지만 그 대가로…

인간은 죽음을 면할 수 없게 되었죠.

하느님은 아즈라엘 천사가 가져온 흙으로
아담을 만들었습니다. 그런데 아담은 40년
동안 아무것도 하지 않고 내내 땅바닥에
누워 있기만 했습니다.

한 천사가 아담이 꼼짝 않고 있는 까닭을
궁금하게 여겼습니다.

그 천사는 아담의 몸 속에 무슨 문제가 있는지
알아볼 양으로 아담의 입 속으로 들어갔습니다.

들어가서 확인해 본즉, 아담이
움직이지 않는 게 당연했습니다.

몸 속이 텅 비어 있었던 것입니다.

하느님은 아담에게 영혼을
주기로 했습니다.

아담은 살아 움직이기
시작했습니다.

하느님은 아담이 땅과 자연과
풀나무와 짐승들을 다스릴 수
있게 하기 위해

모든 것에 이름을 붙일 수 있는
권한을 아담에게 주었습니다.

인류 기원 전설 :
몽골

하느님은 땅에 사람 모양의 구덩이를 판 다음,

천둥비가 내리게 했습니다.

그러자 진흙이 흘러 사람 모양의 구덩이를 채웠습니다.

비가 그치고 모든 것이 마르고 나자

그러니까…
9개월 동안 완전히!

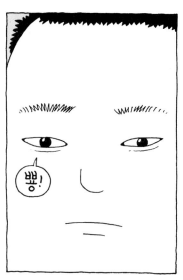

구덩이에서 사람이 튀어나왔습니다.

인류 기원 전설 :
나바호족 인디언

태초에 반인반수의 존재들이 있었습니다. 그들은 어리석은 짓을 한 탓에 하늘에서 쫓겨났습니다.

그들은 세 개의 하늘을 지나 마침내 땅에 다다랐죠.

땅의 네 신, 즉 청신(靑神), 백신(白神), 흑신(黑神), 황신(黃神)이 그들을 보러 왔습니다.

신들은 손짓발짓으로 그들을 가르치려 했지만, 어리석은 그들은 아무것도 이해하지 못했습니다.

신들은 가르치는 것을 포기했죠.

다만, 흑신은 그들이 너무 더럽고 역겨운 냄새가 난다는 것을 깨우면서,

다른 신들은 나흘 후에 다시 올 것이다. 몸을 깨끗하게 하고 기다려라.

우리는 인간을 만들기 위한 의식을 거행할 것이다

…고 일러 주었습니다.

신들은 사슴 가죽과 옥수수 두 개(흰 것 하나, 노란 것 하나) 등

여러 가지 물건을 가져왔습니다.

그들은 마술 의식을 거행하였습니다.

그러자 하얀 옥수수에서는 남자가,

노란 옥수수에서는
여자가 나왔습니다.

두 사람은 울타리가 쳐진 땅 안으로
들어가 사랑을 나누고,

쌍둥이
다섯 쌍을
낳았습니다.

반음양(半陰陽)인 맏이는 자식을 낳을 수 없었지만,
나머지 자식들은 모두 자식을 낳았고,

다시 그 자식들은 신기루 부족 사람들과
결혼하였습니다. 그 결합에서
현재의 인류가 태어났습니다.

공통점

그는 먼저 위대한 역사적 인물들을 연구하기 시작했습니다.

1970년에 심리학자 에이브러햄 매슬로는 자기들의 잠재 능력을 십분 활용한 사람들을 연구해 보기로 했습니다.

그 연구를 통해서 그는 만족스러운 개인적 성취에 도달한 사람들에게서 공통으로 나타나는 몇 가지 특성을 다음과 같이 도출해 냈습니다.

그들은 불확실성을 용인할 수 있습니다.

너도 나도 신이다!

스피노자

유일신을 믿는 당시의 풍조와는 반대로 그는 신이 어디에나 존재한다고 생각했다. 심지어 굴러다니는 돌멩이에조차.

그들은 사고와 발의의 측면에서 대단히 자발적입니다.

전형적인 르네상스형 인간이랄까요?

토머스 제퍼슨

미국 독립 선언서의 기초를 잡은 인물이자 대통령, 도시계획자, 건축가였고 농학자이자 언어학자였으며 위대한 교육자였다.

그들은 자기들의 개인적인 이익보다는 문제 해결 그 자체에 더 집중합니다.

신의 가호 아래 이 나라는 새로운 자유의 탄생을 보게 될 것이며…

링컨 : 게티스버그 연설

…국민의, 국민에 의한, 국민을 위한 정부는 이 지상에서 결코 사라지지 않을 것입니다.

그들은 훌륭한 유머 감각을 지니고 있습니다.

훌륭한 유머 감각의 아인슈타인

그들은 교조주의를 거부하지만, 관습적인 것을
무조건 무시하지는 않습니다.

여성은 티백과
같습니다.

뜨거운 물에
넣기 전에는
그녀가 얼마나
강한지 모르죠.

엘리너 루스벨트

그는 여성의 힘을 믿었고, 소외받고 불평등한 대우를 받는
사람들, 사회적 약자를 위해 노력한 활동가였다.

그들은 인류의 행복에 관심을 갖습니다.

무슨 수를 써서라도
행복해야 된단다,
얘들아...

제인 애덤스

미국의 사회 운동가로 1931년 노벨 평화상을 수상했다.
'평화와 자유를 위한 여성 국제 연맹'을 설립했다.

그들은 삶의 다양한 경험을 깊이
있게 이해할 수 있습니다.

나는 청년 시절...

체 게바라

그는 남미 도보여행을 통해서 민중들의 비참한 생활과
근본적 문제를 인식하며 인간 해방 인식의 토대를 쌓았다.

그들은 많은 사람들과 피상적인 관계를 맺기보다는
소수의 사람들과 만족스러운 관계를 맺습니다.

그들은 객관적인 관점을 견지합니다.

그리고 우리는 이들을 객관적인 관점을 견지하며,
상대적이며 절대적으로 해석할 수 있습니다.

지능 검사

멋쟁이 어릴 적에…

엄마! 나 아이큐가 98 이래!

백점 만점인 줄 알고 좋아하고 있음.

하이고… 이걸 우야면 좋노~

엄마가 시험은 천천히 풀어라 캤잖아?! 그래가 절반밖에 안 풀었는데 98 나왔다카이!

맞제?! 그런기제?!

다음에는 빨리빨리 풀어야 된데이… 알았제?!

슉!!!

멋쟁이 고등학교 때…

엄마! 내… 아이큐 98 이라 카드라.

이번에도 천천히, '차근차근' 풀다가 그런기제?! 그렇제?! 그쟈?!

아이다! 이번엔 빨리 해가, 다 풀었데이.

슉!!!

저녁 안 먹었제?!

뭐 해줄까, 아들?!

헤헤!

아마도 그날 이후로 엄마는 제 학업에 손을 놓으셨습니다.

지능 검사는 그 검사를 만든 사람들의 정신과 동일한 정신을 가진 사람들이 머리가 좋은 사람이라는 것을 입증할 목적으로 만들어진 것입니다.
그 점을 잊지 말아야 합니다.

멋쟁이 엄마曰

조르다노 브루노

한때 도미니크회
수도사였다가

환속한, 나폴리 출신의
이 철학자는

1584년에 조르다노 브루노는
『우주와 세계들의 무한성에
관하여』라는 책을 썼습니다.

뿅!

드디어
세계에
눈을
떴다!!!

우주는 무한하며 지구는 만물의 중심이
아니라 태양의 둘레를 돌고 있고

태양은
수많은 별들 중의
하나일 뿐이다.

…라고 주장하였습니다.

그는 외계 생물과 우주의 다양한 차원이
존재할 가능성까지 언급했습니다.

너… 후배가 참…
버릇이 없구나!

아리스토텔레스

진실 앞에서는 어쩔 수
없어요, 선배님!!!

더불어 인류는 아리스토텔레스가 묘사한 닫힌
우주에서 광대하고 무한한 우주로 넘어가게 됩니다.

조르다노 브루노는 유럽을 두루 다니며 가르침을 펼쳤습니다.
그는 비상한 기억력을 지니고 있었습니다.

교회법과 민법의
26,000구절

성서에서 발췌한
7,000개의 문장

오비디우스의 시
1,000편

우와!!!

…을 외우고 있었다고 합니다.

그 타고난 기억력 덕분에 그는 유럽 도처의 강의실에서 천재로 통하였고,

수학!

천문학!

철학!

…을 기꺼이 논하였습니다.

또 뛰어난 언변과 풍부한 교양으로 늘 사람들의 마음을 사로잡았죠. 그는…

어떤 인간도 배척하지 않는 사랑의 종교!!

코페르니쿠스

…를 주장하였고, 코페르니쿠스의 견해를 옹호합니다.

그는 종교적이거나 세속적인 일체의 도그마와

신성한 무지

뭐?!

신성한 어리석음

뭐?!

학위를 가진 바보들

뭐?!

가련한 현학자들

뭐?!

…을 조롱하였습니다.

하지만 그를 눈엣가시처럼 여기던 가톨릭 교회는 1592년에 그를 구속하게 하였습니다.

꼴좋다!

너네가 일러바쳤니?

그는 스물두 차례나 고문을 당하면서도 자기 주장을 굽히지 않았습니다.

으아!!!

태양은 수많은 별들 중 하나일 뿐이다!!!

너무 가혹해…

결국 그는 로마 광장에서 화형을 당하였습니다. 형리들은
그가 화형 장작더미에 올라가서조차 무한한 우주에 관한
이야기를 늘어놓을까 저어하여 그의 혀에 못을 박았습니다.

때양은
또마는 별덜 듕에떠
하나일 뿐니다!!!

그의 유서는 개봉도 되기 전에 발기발기 찢겼습니다.

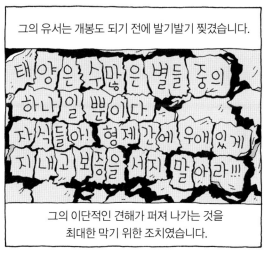

태양은 수많은 별들 중의 하나일 뿐이다. 자식들아! 형제 간에 우애 있게 지내고 보증을 서지 말아라!!!

그의 이단적인 견해가 퍼져 나가는 것을
최대한 막기 위한 조치였습니다.

그로부터 33년 후, 비슷한 재판관들 앞에서 비슷한
재판이 열렸을 때, 갈릴레이는 자기 말을 번복하는
쪽을 선택했습니다.

진씸과 거짓 없는
맏음으로…

… 지구가 우주의
중씸이오!

갈릴레오 갈릴레이

이렇게 지동설을 부인한 덕분에 그는 간신히 화형을 면했다.

그런데 이상하게도 조르다노 브루노가 받은 보상은 망각이고
갈릴레이가 받은 보상은 영예입니다.

미안허네…

상대성

그 어떤 것이 상대적이지 않다면,

이제…
들어가야
겠는데?!

그것은 당연히 절대적입니다.
따라서…

순수는 널
좋아했어!

절대적인 것은 존재합니다.

그래…

아무 것도
묻지 않고
좋아해
주는 게…

…고마웠어.

하지만…

관용

오랫동안 생각했어.

내 마음은... 고마워 했던거야.

그런데... 그 마음이 **사랑**은 아닌가 보더라.

역시 **나쁜 녀석!**

그럼 왜 순수의 마음을 내버려 두었니?

예뻤어.

누군가를 좋아하는 마음이.

... ... 이해가 되더라.

난 그 마음을 잘 알아.

사람들은 이제껏 열등하다고 여겨 왔던 존재들이 자기들과 하나도 다를 게 없다는 것을 깨닫게 되면, 자기들의 '동류(同類)' 개념을 확대하여 새로운 범주를 거기에 포함시킵니다.

그럴 때, 어떤 한계를 뛰어넘은 것은 그들만이 아닙니다.

당분간은 잊고 군 생활 잘해.

화이팅!

그래!

너도 어서 입대해.

온 인류가 진화의 한 단계를 뛰어넘은 것입니다.

헐렝이 화이팅!

214

믿기

헐렝아!

건강해라!

건강하게 다시 보자.

믿느냐, 믿지 않느냐 그것은 전혀 중요하지 않습니다.

이쁜아… 가자!

중요한 건 스스로에게 점점 더 많은 질문을 던지는 것입니다.

이런 게 사랑일까?